# TU MOMENTO ESTELAR

# LUZ MARÍA DORIA

# TU MOMENTO ESTELAR

## TÚ TAMBIÉN PUEDES VIVIR ESE INSTANTE MÁGICO EN QUE CAMBIARÁ TU DESTINO Y LA VIDA TE RESPONDERÁ CUÁL ES TU POR QUÉ

**AGUILAR**

Tu momento estelar

Primera edición: octubre de 2018

© 2018, Luz María Doria

© 2018, Penguin Random House Grupo Editorial USA, LLC.
8950 SW 74th Court, Suite 2010
Miami, FL 33156

Fotos de la autora: Gio Alma
Peinado y maquillaje: Makeup by Franz

ISBN: 978-1-949061-05-5

Impreso en Estados Unidos – *Printed in USA*

Penguin
Random House
Grupo Editorial

A ti, que leíste *La mujer de mis sueños* y
un día dijiste que te habías quedado con
ganas de seguir leyendo...
Aquí tienes *Tu momento estelar*.

# ÍNDICE

# PRÓLOGO

*Eugenio Derbez*

Era finales de 2013… *No se aceptan devoluciones (Instructions Not Included)* acababa de convertirse en la película en español más vista en la historia, tanto en Estados Unidos como en el mundo entero. De inmediato mis agentes me estaban llamando para concertar cita con varios productores, directores y ejecutivos de Hollywood.

Por fin había llegado el momento que tanto había soñado. Mi "momento estelar".

Tenía yo ocho o nueve años cuando mi mamá empezó a llevarme al cine cada fin de semana. Gracias a ella, me enamoré de esta carrera.

Un día, después de ver una ceremonia de los Óscar, ritual que no nos perdíamos cada año, le dije a mi madre: "Esto es lo que yo quiero hacer cuando sea grande. Quiero hacer películas, quiero contar historias… ¿Crees que pueda llegar a Hollywood?".

Pero una cosa es lo que uno sueña y otra cosa lo que la vida te tiene preparado.

Me convertí en padre a los veintitrés y, sin darme cuenta, empecé a enfrentar la vida real y a dejar a un lado mis sueños… Y, aunque no me fue mal, la verdad es que nunca me di la oportunidad de luchar por aquello que tanto había soñado desde niño.

No fue sino hasta los 41 años (cuando ya estaba incluso planeando mi retiro) que recibí la llamada de una agencia en Los Ángeles diciéndome que les gustaría tener una junta conmigo.

¡Claro! ¡Yo tenía un sueño! ¡Ya se me había olvidado!

Sentí mariposas en el estómago…

Inmediatamente busqué en internet "clases de inglés" y ese día, jugando, jugando y sin tomarlo muy en serio, empecé a retomar mis sueños…

Un año después estaba yo presentándome en Los Ángeles, en un teatro chiquitito, actuando por primera vez en inglés y sin siquiera entender al 100 % lo que estaba diciendo.

Tres años después debuté en Broadway con la obra *Latinologues*.

Mis sueños se estaban empezando a cumplir…, pero mi "momento estelar" todavía no llegaba.

Pasó otro año más y, en 2006, llegó mi primer papel en el cine con *La misma luna*, pero luego, nada…

En 2010, Adam Sandler me dio mi primera oportunidad de hacer cine en inglés con *Jack and Jill*. Pensé que mi momento había llegado y luego, nada…

En 2011, Rob Schneider me llamó para un papel estelar en su nueva serie. Se transmitiría en televisión abierta por CBS en horario estelar, justo después de *The Big Bang Theory*, que era, en ese momento, la serie más vista en Estados Unidos. "¡Por fin llegó mi momento estelar!", pensé…

La serie duró solo una temporada y luego, nada…

Esa última decepción me hizo replantearme mi vida profesional y mi vida personal. No estaba yo dispuesto a seguir viajando y sacrificando el poco tiempo libre que tenía para mi familia luchando por un sueño que parecía imposible y al cual le había dedicado ya más de nueve años.

"Al menos lo intentaste. Ahora regresa a lo tuyo, a lo que sabes hacer", pensé. "Si me obsesiono con el sueño americano voy a acabar frustrado o amargado si no lo consigo. Me retiro de esta lucha feliz, sabiendo que lo intenté".

De alguna manera había logrado parcialmente mi sueño: hice televisión en Estados Unidos, un par de películas en Hollywood y teatro en Broadway.

¡El viaje había valido la pena!

Era enero de 2012 cuando decidí renunciar finalmente a mi sueño y regresar a mi mundo. Era hora de dejar de soñar y sentar cabeza. Regresé con la firme idea de casarme con la mujer que amaba, de dedicarle mas tiempo a mis hijos y a mi familia y, ahora sí, empezar a planear mi retiro.

Por el lado profesional tenía casi lista una nueva temporada de *La Familia Peluche* y, además, venía dispuesto a filmar, finalmente, una peliculita que había estado tratando de realizar por los últimos 12 años: *No se aceptan devoluciones* (*Instructions Not Included*).

Y como dice el dicho: "Lo que es para ti, aunque te quites…".

Un año y ocho meses después de haber abandonado mi sueño, el viernes 30 de agosto, se estrena en Estados Unidos *Instructions Not Included*. El estreno en USA era un mero trámite, no esperábamos grandes resultados. Mejor dicho, no esperábamos nada.

El estreno importante era el de México.

Lo que no sabía yo es que no estaba solo en este viaje… Me acompañaron más de cuatro millones y medio de latinos que fueron al cine e hicieron de *Instructions Not Included* la película en español más vista en la historia en Estados Unidos.

Pero yo nunca hubiera podido llevar a tantos latinos al cine si no hubiera sido por toda la ayuda de los medios. Y hubo alguien en especial que me dio todo su apoyo incondicional. Un verdadero ángel que me ayudó con una de las promociones más espectaculares que haya yo tenido en mi carrera. Alguien que, sin quererlo y sin saberlo y por puro cariño y amistad, fue una pieza clave para que, finalmente, llegara a mi vida ese tan ansiado "momento estelar": mi querida Luz María Doria.

Luzma me abrió las puertas de *Despierta América* y me dejó colarme durante toda la semana previa al estreno: un día yo solo, otro día con Alessandra, otro con Sammy y, finalmente, con Loreto, la niña de la película.

Nunca en toda mi carrera me había tocado que me permitieran promocionar una película tanto tiempo en un espacio tan importante.

Se lo he dicho siempre y lo repito aquí: "Gracias, gracias, gracias Luz María Doria por ser una parte tan importante del proyecto que cambió radicalmente mi vida. Gracias por ayudarme a conseguir mi momento estelar".

Y es aquí donde regreso al inicio de este prólogo…

Tres días después del estreno, en su primer fin de semana, la película había hecho números espectaculares. El lunes 2 de septiembre, justo el día de mi cumpleaños 52, la película había amanecido en tercer lugar general, con solo 347 salas.

Tenía invitación para ir a los programas de Jimmy Fallon y Larry King.

Mis agentes, que por nueve años no me habían encontrado nada, finalmente voltearon a verme. Me consiguieron cita en todos los estudios con la gente más importante de la industria.

Las puertas, finalmente, se estaban abriendo. El sueño al que había renunciado hacía un año y medio estaba regresando a mí, y ahora más fuerte que nunca.

Mis agentes me necesitaban en Los Ángeles todos los días para juntas, citas, *castings*, etc.

Pero yo vivía en México. Tenía una carrera en México. Tenía mi familia en México. Vaya, ¡tenía una vida en México!

Había llegado mi "momento estelar". Tarde, pero había llegado. ¿Todavía lo quería? ¿Realmente lo iba a dejar ir?

Era hora de dar un salto al vacío o quedarme en mi zona de confort.

Pero saltar al vacío implicaba terminar con mi exclusividad en Televisa —la cual había significado un ingreso seguro por los últimos 20 años—, renunciar a mi trabajo, cerrar mi oficina, deshacer todo mi equipo —con el que había trabajado desde el inicio de mi carrera—, dejar amigos, familia, casa…

Tenía muy claro que un cambio así iba a traer mucho dolor, muchos sacrificios, mucha incomodidad…; pero sabía también que, si lo veía con optimismo, un cambio así de drástico podría ser una bocanada de aire fresco a esas alturas de mi vida.

La gente me decía: "Estás loco, ya no eres un niño, esos riesgos se corren cuando eres joven". "Piensa en tus hijos, tienes una familia que mantener". "En México ya tienes una carrera hecha, aquí eres el Rey, ¿qué más te puede faltar?".

Y aunque en mi cabeza esos argumentos tenían sentido, mi corazón pensaba: "¿Qué más me puede faltar? Volver a sentir mariposas en el estómago… como la primera vez que pisé un escenario o la primera vez que salí en la tele o la primera vez que me pidieron un autógrafo".

¿Se puede volver a sentir todo eso después de los 50 años? ¿Se puede volver a enamorar uno de su profesión 30 años después? ¿Se puede?

¡Yo sentía que sí! Sentía dentro de mí que aún podía dar más…, y estaba aburrido de hacer lo mismo por tantos años. ¡Tenía hambre de volver a tener hambre!

A fin de cuentas, pensaba: "Bueno, si por cualquier motivo las cosas no salen como yo planeo (que es lo más probable, dadas las experiencias pasadas), pues me regreso y listo, no pasa nada".

Pero sí podía pasar… ¡y mucho! Tenía ganas de que pasaran cosas: buenas, malas, pero que pasaran.

Y por supuesto que siempre tuve claro que, si mi plan fracasaba, al regresar ya nada iba a ser igual. Iba a tener que empezar otra vez a formar un equipo, volver a pedir trabajo en Televisa (y con un sueldo mucho más bajo seguramente), etc., etc.

Pero pensaba: "No me importa, vale la pena. Vale la pena porque lo importante no va a ser si lo logro o no. Lo importante va a ser lo que voy a vivir durante este viaje".

Qué paradoja… Mientras estaba planeando mi retiro, la vida me estaba poniendo enfrente la oportunidad de reinventarme…, de realizar finalmente mi sueño, ese sueño que había tenido desde que era niño. Había un 80 o 90 % de probabilidades de fracasar, pero también había un 100 % de probabilidades de divertirme en el proceso, de no quedarme con las ganas, de saber que no me iba a morir sin intentarlo.

Y aquí estoy…, lográndolo poco a poco de la mano del público y de amigos como Luz María… Derribando muros, rompiendo récords y haciendo historia juntos.

Gracias de corazón a todos aquellos que han comprado un boleto, a todos los que se han reído y divertido con mi trabajo y me han acompañado en este viaje tan maravilloso, porque es gracias a ustedes que estoy donde estoy.

¡Gracias por haberme ayudado a cumplir mis sueños!

Y es por esa necesidad de agradecerles que quise contar esta historia con el único fin de motivarlos a luchar por sus sueños.

Que no los detenga su edad…

Yo me mudé a otro país a empezar de cero a los 52 años.

Que no los detenga ningún obstáculo…

Yo sigo sin hablar bien inglés, pero tengo muy claro que nunca es tarde para seguir aprendiendo ni para sentir mariposas en el estómago ni para volverte a enamorar ni para luchar por tus sueños.

No dejen que sus miedos los paralicen. Solo piensen en cómo vencerlos y trabajen como nunca para lograr lo que siempre soñaron.

Usen el miedo como un motor…

Yo sigo levantándome cada día con el miedo de tener que enfrentar un mundo que apenas conozco, en un idioma que apenas mastico; pero cada obstáculo que logro vencer me hace más fuerte.

Y sigo preguntándome constantemente: "¿Cómo demonios llegué hasta aquí?".

Gracias a que nunca dejé de escuchar la voz de ese niño que soñaba con contar historias…

# INTRODUCCIÓN

## Colorín colorado,

# ESTE CUENTO HA COMENZADO

> "Hoy he agregado una nueva definición
> a la palabra éxito:
> Éxito es que te quieran todos aquellos
> que tú quieres".
>
> JORGE RAMOS,
> 20 de agosto del 2016

Con esas palabras cerré los ojos el 20 de agosto del 2016 y me acosté a dormir convencida de que estaba viviendo mi momento estelar.

Días después supe que me había equivocado. Y en este libro te voy a contar por qué.

Ese mensaje de texto que me envió Jorge Ramos después de servirle de padrino a *La mujer de mis sueños* —mi primer libro— y de presentarlo oficialmente el día del lanzamiento, fue la culminación de un día que yo llevaba año y medio esperando.

O que quizás, sin saberlo, había esperado toda la vida.

El mensaje de Jorge resumía el significado de lo que había sucedido horas antes en la librería Books and Books de Miami, atiborrada de libros y de gente. Atiborrada de gente que quiero mucho y que tal vez solo se hubiera juntado para despedirme en mi funeral.

Pero no era mi funeral.

Era un nuevo nacimiento a mis 51 años. Todos se reunieron allí para darme la bienvenida a mi nueva vida de escritora.

Y es que allí estaban no solamente los que habían sido mis jefes. También estaban los jefes que los habían contratado a ellos y que, por cierto, también los habían despedido.

Los invité a todos porque quería que supieran lo importante que habían sido en mi vida, y quería que les quedara muy claro el impacto que podían tener en la vida de otra persona.

Tal vez no lo sabían, pero cada uno de ellos me había llevado de la mano del alma en este camino que me condujo hasta mis propios sueños cumplidos.

Alguien con un sentido del humor muy ácido me dijo al día siguiente: "Si cae una bomba esa noche en ese lugar, se pierde más de la mitad de la historia de la televisión hispana en los Estados Unidos".

Yo solo sabía que todos ellos: jefes, amigos, periodistas, compañeros de trabajo, familiares y conocidos eran los protagonistas de una de las noches más felices de mi vida.

La noche en que estaba presentando al público mi gran sueño: mi primer libro.

Era una noche importante para los miedosos, para los tímidos, para los que pensaban, como pensé yo alguna vez, que nunca iban a lograr lo que querían. Para que todos ellos entendieran —y entiendan, como lo hago yo ahora— que venimos a la vida con un libro invisible, que es nuestro guion, lleno de páginas escritas por el universo y de otras en blanco, que solo se escribirán felizmente si somos capaces de luchar con coraje por nuestros sueños.

## Karma, ya no creo en ti

Unos minutos antes de la presentación, Jorge Ramos y yo nos encontramos en un cuartico atrás del local. "Yo te presento y luego tú hablas unos 20 minutos", me dijo el valiente periodista de corazón generoso, que fue el mejor productor que pude tener esa noche, y quien, con una simple sonrisa, me dio la paz y la seguridad que necesitaba.

Jorge Ramos no es mi amigo, siempre lo aclaro para que la gente logre entender el tamaño de su generosidad. Él mismo se ofreció a escribir la contraportada de mi primer libro y aceptó acompañarme durante la presentación en Miami.

Meses antes había vivido uno de los momentos más trascendentales de su carrera al ser expulsado por el entonces candidato Donald Trump de una conferencia de prensa en Iowa, cuando intentó preguntarle cómo iba a deportar a 11 millones de indocumentados. Trump no se imaginó que, gracias a su falta de respeto y arrogancia, Jorge Ramos iba a vivir uno de sus momentos estelares. Gracias al desplante de Trump, la popularidad de Ramos se multiplicó en Estados Unidos entre hispanos y anglos.

Hoy, ya hasta existe un *best seller* escrito por Jorge llamado *Stranger*, con la foto de ese momento incómodo en la portada.

> Primera lección de este libro: los momentos incómodos pueden dar paso a momentos estelares.

Por todo eso, sinceramente, para mí era casi irreal que Jorge estuviera ahí conmigo esa noche a punto de presentar mi primer libro. Pero la vida nos sorprende y en este libro yo quiero llevarte a hacer un recorrido por todas esas sorpresas que el universo también tiene listas para ti.

Todos, seamos honestos, nos imaginamos secretamente ese momento estelar que queremos vivir y que, sin permiso, nos da vueltas y vueltas en la cabeza. Ese minuto en que por fin ves el sueño cumplido y empiezas a recibir todo eso en que pensaste tantas veces en los semáforos en rojo o mientras subías y bajabas por Instagram o cuando te quedabas en pausa, mordiendo el lápiz, antes de firmar un cheque para pagar una cuenta... O en el que pensabas todas las noches, hasta quedarte dormido, mientras abrazabas la almohada.

Esa noche yo me di cuenta de que ese sueño cumplido no es como uno se lo imagina.

Es mucho mejor.

Y que vale la pena todo, absolutamente todo lo que has vivido para llegar hasta el.

Y justo aquella noche feliz empecé a creer más en la amistad y dejé de creer tanto en el karma. Si esa ley fuera realmente cierta, pensé, yo merecería que este lugar estuviera vacío, porque durante toda mi vida he dejado a todo el mundo esperando en los eventos. No me gusta la vida social.

Esa noche comprobé que el karma no le pasa la cuenta ni se venga de las amigas que, como yo, dejan plantadas a otras amigas en sus fiestas. A las almas buenas, pensé, nunca las abandonan el resto de las almas buenas.

Tengo que confesar que a mí no me preocupaba mucho si el lugar se llenaba o no. De hecho, nunca me pasó por la cabeza la importancia de que hubiera o no mucha gente. Yo lo que más deseaba es que todo el que asistiera saliera convencido de que los sueños se cumplen si uno pierde el miedo a luchar por ellos.

Ahí estaba yo, la miedosa de Cartagena, la productora que siempre estuvo detrás de las cámaras, la que nunca asistía a eventos para no mezclar el trabajo con la vida personal, lanzando un libro de su vida, con su foto en la portada y de la mano de una personalidad mundial.

(Razón tiene el gran Guillermo Arriaga cuando dice que todos los escritores son unos vanidosos.)

Aquel sueño de inspirar a todos los miedosos del mundo y de demostrarles que podían dejar de ser invisibles había comenzado muy bien.

Los que me conocen y los que me han leído saben cuánto me ha costado hablar en público. Que me sudan las manos y a veces hasta me quedo en blanco. Sin embargo, mi vida como escritora me estaba enseñando rápidamente, desde aquel primer día oficial, que para vivir nuestro momento estelar hay que ponerle una zancadilla al miedo, tumbarlo al piso y pararse encima de él.

## La vida: ese juego donde todos tenemos derecho a ganar

Si tú apenas me estás conociendo te lo puedo explicar mejor: siempre he sido una de esas miedosas invisibles. Yo soy de las que prefería mojarse antes que usar paraguas.

Yo no acepté una fiesta de 15 porque me daba vergüenza ponerme un traje largo y bailar ante 400 ojos mirándome (tengo que reconocer que mi papá, que no sabía bailar, tampoco ayudaba mucho para motivar el sueño).

Yo no me quise casar por la iglesia de solo pensar que en el trayecto hacia el altar me iba a enredar en el vestido de novia y me podía caer. Legalicé ante Dios mi matrimonio el día que bauticé a mi hija Dominique, y lo hice a propósito para que la protagonista en la iglesia fuera ella y no yo.

Y de pronto escribo un libro y se vuelve más importante lo que puse en aquellas 260 páginas que lo que precisamente viví antes de contarlo en ellas.

Recuerdo que esa noche en Books and Books volví a confirmar que a todos nos pueden pasar las cosas que soñamos, que nuestra vida puede cambiar de la noche a la mañana y se puede saborear el éxito, siempre y cuando esas cosas que soñemos tengan un buen propósito y sean parte de nuestra misión.

Porque todos tenemos derecho a ganar.

A vivir nuestro momento estelar.

Y a mí nadie me lo contó. Yo lo estoy viviendo y no por lo que tú crees.

Yo te voy a contar en este libro por qué.

## La culpa de este libro la tiene el otro...

Mientras estábamos aún en el cuartico, el teléfono interrumpió mi conversación con Jorge (con quien, para calmar los nervios, empecé a hablar de política, de libros y de la familia). Era mi mamá, que venía con Franz, el maquillista más talentoso y divertido del mundo, y me avisaba que se habían perdido en el camino y por el despiste de Franz habían entrado a otra librería pensando que la presentación era allí.

"A mi pobre hija no le vino nadie", me contó muerta de la risa que había pensado ella misma cuando entró al lugar equivocado. "Pero ya voy para allá", dijo, queriéndome tranquilizar por la tardanza.

Jorge, muy comprensivo, miro el reloj y me dijo pausadamente: "A tu mamá la esperamos".

A mi mamá, que es la que más ha gozado esto de tener una hija escritora a los 50, solo le preocuparon dos cosas del libro: el título y la foto de la portada.

(Casi nada).

"Esa 'mujer de mis sueños' suena a que te enamoraste de una mujer… Vas a confundir a la gente. Y la foto no se parece a ti. Ese maquillista y ese fotógrafo hicieron milagros. Cuando te presentes en vivo la gente no va a pensar que eres tú", me dijo con esa imprudencia paisa que a todos nos da mucha risa.

Todavía recuerdo cuando llegué orgullosa a entregarle el primer ejemplar y se fue corriendo a la peluquería a mostrárselo a todas las viejitas vanidosas.

Ese día me llamó y me dijo muy seria: "Venme a buscar, pero no te bajes del carro. Conociéndote, vienes sin maquillaje, con gafas, y no van a pensar que eres la misma. Aunque si te bajas voy a decir que tengo dos hijas: la escritora y tú".

Por supuesto, ella tenía que estar en primera fila esa noche aplaudiendo a su única hija. A la escritora.

Por eso respiré aliviada cuando alguien, cuya cara no recuerdo, entró y me dijo: "Ya pueden empezar. Acaba de llegar tu mamá".

Lo que pasó después está grabado en videos que nunca he querido ver porque la memoria de mi corazón lo recuerda como una noche perfecta, llena de buena energía, de fuerza, de ilusión, de sentimientos nobles e inspiradores y de abrazos sinceros.

A los pocos días comprendí que esa noche perfecta en la que, durante casi dos horas, firmé y firmé libros por primera vez en mi vida y que vivirá para siempre y sin muchos detalles precisos en mi memoria, solo sería superada por lo que pasó después.

Y si tú tienes hoy este segundo libro en la mano es gracias a lo que me enseñó *La mujer de mis sueños*.

Y a una editora persistente que no se da fácilmente por vencida.

## Servir es la clave

Tengo que empezar explicándote por qué yo no quería escribir un segundo libro de motivación. Mi gran proyecto era una novela (que sigo escribiendo) en donde le quería soltar la rienda literaria a mi creatividad. Sin embargo, un año después han pasado tantas cosas bellas en mi vida gracias a ese primer libro, que mi editora Rita Jaramillo me pidió reconsiderarlo.

"Creo que nos hemos quedado con ganas de una segunda parte. De saber más historias", me dijo Rita.

Me negué.

Le expliqué que *La mujer de mis sueños* es y será una bendición tan grande en mi vida que había que dejarla quieta rodeada de sus lectores. Mi meta no era convertirme en motivadora o *coach* de vida. Yo soy periodista y productora de televisión y no quería llenar a *La mujer de mis sueños* de hermanos de papel que se repitieran.

Ahora lo importante para mí era escribir una novela. Una novela, por cierto, que estoy segura de que también sembrará en el lector esa semilla de fuerza que será siempre mi misión.

Le expliqué lo apasionante y liberadora que estaba resultando la ficción después de vivir durante toda mi vida tratando de ser fiel a los detalles.

"Piénsalo Luzma. Estoy segura de que tus lectores te lo van a agradecer", insistió Rita.

Con esa frase me puso a pensar…

La verdad es que la que tengo que agradecerles soy yo. Demasiado.

Por eso este libro va dedicado a ellos. O mejor dicho: a ti que me estás leyendo.

Ese día, después de hablar con Rita, me fui a casa pensando cómo tendría que ser este segundo libro que tus ojos repasan en este momento. Y, sobre todo, pensando por qué lo ibas a leer y para qué te iba a servir.

Porque para mí servir es la clave.

Lo he comprobado casi dos años después.

Y de pronto, pasó lo que me pasa siempre. El corazón empezó a dictarme lo que a mi cerebro le causa curiosidad.

## El día menos pensado...
## pero después de pensarlo mucho...

¿Cómo se crea ese momento mágico en el que cierras el gran negocio, escribes un *best seller*, lanzas la canción de la década, te llaman para decirte que tú eres el elegido para la posición de tus sueños o inventas la gran idea?

¿Es el éxito la consecuencia de la estrategia o del esfuerzo?

¿Se puede manipular al destino para hacer que surja ese momento en el que pasas de pobre a rico, de anónimo a reconocido?

¿Cómo se desarrolla el arte de hacer de tripas corazón, de no darte por vencido y de triunfar en la vida el día menos pensado, pero después de pensarlo mucho?

¿Cómo sabemos si vamos llegando a ese momento donde brillaremos más que nunca? O, al menos, ¿cómo reconocemos que vamos por el camino correcto hacia la meta?

¿Existe un plazo para vivir un momento estelar?

¿Una edad perfecta?

¿Los "golpes de suerte" vienen escritos en tu destino o se trabaja para crearlos?

Todas esas preguntas nacieron de la curiosidad que han despertado en mí los mensajes de los lectores de *La mujer de mis sueños* y de lo que la vida me ha ido enseñando después de escribir ese primer libro.

Y lo más importante que me pasó fue lo que nunca se planeó: toda aquella publicidad creada viralmente y sin estrategia previa en redes sociales. Una campaña generada, sin saberlo ni planearlo, y sin sospechar su resultado, por los mismos lectores de *La mujer de mis sueños*. Encontrar a miles de personas subiendo fotos del libro o de las frases que más les llegaron al alma fueron multiplicando mi mensaje y abriendo una infinidad de posibilidades.

Cada historia que me contaban los lectores resultaba más inspiradora que la anterior. Y tengo que reconocer que todas han superado en emoción al propio libro.

A partir de la publicación de *La mujer de mis sueños* comenzaron a surgir invitaciones a hablar sobre mi libro. Así se fue creando esta nueva faceta de conferencista que no estaba en mis planes, pero que me demuestra y confirma que uno propone y Dios dispone. Un sueño cumplido te abre puertas que te ayudan a ti y a otros a cumplir más sueños. La vida me va llevando por caminos nuevos y los estoy disfrutando.

Y eso era exactamente lo que yo soñaba mientras lo escribía: que hubiera una diferencia en la vida de las personas que lo leyeran.

Así fuera en una sola persona.

Y lo logré.

Cada lector ha tocado la fibra de mis emociones.

Creo que si eso no hubiera pasado, yo no hubiera logrado nada.

No hubiera podido vivir mi momento estelar.

Porque mi momento estelar, tengo que dejarlo muy claro antes de seguir escribiendo, no fue en esa noche que yo pensé que lo estaba viviendo en Books and Books y que llevo varias páginas describiéndote…

No…

Mi momento estelar sucede cada vez que leo que alguien agarró fuerzas gracias a *La mujer de mis sueños*.

Fuerza para atreverse y salir a buscar lo que siempre quiso.

Fuerza para poner su propio negocio.

Fuerza para perder el miedo de renunciar a su trabajo y buscar otro mejor.

Fuerza para levantarse una mañana recordando lo que quería ser y salir a buscarlo.

Fuerza para decir "te amo" y proponer matrimonio, o perder el miedo de agarrar sus maletas y liberarse de una pareja abusadora.

Fuerza para hacer esa llamada, pedir esa ayuda, mandar ese *email*.

Fuerza para cumplir un sueño.

Y como ya sé lo que se siente, accedí a escribir este libro que estás leyendo para que tú también puedas vivir ese momento mágico en que miras al cielo, le das las gracias a Dios y entiendes que todo valió la pena.

Que no estabas loco.

Que el propósito era verdadero.

Que ya sabes cuál es tu porqué.

Y que la misión estaba clara.

Y eso es precisamente lo que quiero que te pase a ti cuando termines de leer este libro.

Que lo cierres convencido de que cuando cumplas tu sueño también vas a vivir tu momento estelar.

## Coméntalo en las redes

**#tumomentoestelar**

"Para vivir nuestro momento estelar hay que ponerle una zancadilla al miedo, tumbarlo al piso y pararse encima de él".

"Nuestra vida puede cambiar de la noche a la mañana y se puede saborear el éxito, siempre y cuando esas cosas que soñemos tengan un buen propósito y sean parte de nuestra misión".

"Tu momento estelar, lo quiero dejar muy claro, es ese instante en que puedes disfrutar el resultado del sueño cumplido".

**@luzmadoria**

# 1

# KARMA,
# VELITAS,

## vision boards

# y FE

> "Tu eres tu propio Merlín. La magia existe
> y la creas tú con tus propias acciones".
>
> ELNOR BRACHO

A los 14 Nadia Comaneci se convirtió en la primera atleta en recibir un 10.

A los 17 Pelé ganó su primera Copa Mundial.

A los 38 Neil Armstrong se convirtió en la primera persona en pisar la luna.

A los 48 Umberto Eco escribió *El nombre de la rosa*.

A los 55 Picasso terminó el *Guernica*.

A los 77 John Glenn se convirtió en la persona más vieja en viajar al espacio.

No hay excusa.

Ese momento estelar no tiene edad. Nunca eres demasiado viejo ni demasiado joven para vivirlo.

A ese momento de la vida en que tenemos éxito le precede solo la acción. Y sucede en ese preciso instante en que nos desacomodamos, salimos de esa zona donde no se corre sino el peligro de que no pase nada, nos atrevemos y creamos magia. Y cuando digo magia, es porque ese momento que todos soñamos con vivir parece irreal cuando lo estamos viviendo.

Qué ironía.

Sí, parece mágico, irreal, pero somos nosotros mismos con nuestro propio esfuerzo quienes lo hemos creado.

## ¡Bienvenido a tu momento estelar!

Una de las preguntas que más me hacen es en qué momento escribe un libro una ejecutiva de televisión que produce *Despierta América*, un programa de televisión matutino en vivo, de lunes a viernes, durante cuatro horas diarias.

Y siempre contesto lo mismo: a los sueños hay que dedicarles tiempo.

Yo decidí convertirme en escritora un día en el que amanecí agobiada, llena de citas, asuntos sin resolver y proyectos empezados. Ese día, me di cuenta de que todos esos asuntos que me alejaban de la paz eran la consecuencia de estar viviendo mi gran sueño, que era ser periodista.

"Me convertí en la mujer de mis sueños", pensé, y justo en ese momento supe que así se llamaría mi primer libro.

Desde ese día, y durante nueve meses, no paré de escribir y pensar en ese libro que sería la manera de agradecerle al universo que me hubiera regalado la vida que yo quería.

Gracias al horario de *Despierta América*, que es de 7 a 11 de la mañana, debo acostarme y levantarme muy temprano. El madrugón hace que a eso de las 3 de la tarde lo envuelva a uno la modorra y pierda el encanto.

Pero eso no fue excusa para buscar el tiempo de escribir.

Escribía en mi teléfono en cuanto se me ocurría una idea. En los semáforos en rojo, en servilletas, en la última página en blanco de los libros que leía, en los aviones, en alta mar…

Los fines de semana, en las tardes, en vacaciones me he entregado a esta pasión de entrevistar, investigar y escribir para cumplir mi sueño y ayudar a otros a cumplirlo.

Porque si hay algo mejor que cumplir un sueño, es poder ayudar a que otro lo cumpla.

Convertirme oficialmente en escritora requirió menos tiempo para mí y más para servir al propósito. Y he tenido que despertarme más temprano que nunca y acostarme muy tarde. Dividir el día entre más reuniones y entrevistas. Y he aprendido que esa es la consecuencia del sueño cumplido y por eso nunca hay que quejarse.

Si cada vez el tiempo se te hace más corto y los días se te van volando, si te empieza a llegar de pronto todo lo que querías a la misma vez y te encuentras un día agobiado, sin saber a qué le debes dar prioridad porque todo te gusta y te conviene, si de pronto hay más llamadas que devolver, más *emails* por contestar, más sábados que trabajar a las 7 de la mañana, más personas para conocer y con quien hablar, más decisiones que tomar…, ¡bienvenido a tu momento estelar!

En este momento, mientras escribo este libro, llevo seis fines de semanas seguidos sin descansar, ocupada en actividades propias de mi trabajo y del libro. He tenido viajes y presentaciones que me alejaron de mis sábados y domingos deliciosamente perezosos.

No me puedo quejar.

Para lograr lo que quiero no puedo quedarme empijamada y soñando.

Y es que para vivir ese momento estelar con el que todos soñamos tienes que buscar más maneras y menos excusas.

Yo lo comparo a esos cuerpos perfectos que salen sudados de los gimnasios. Son, sin que me quede la menor duda, el resultado de horas diarias de disciplina y de voluntad. Curiosamente, a esos cuerpos perfectos no les preguntan en qué momento se volvieron así.

La gente que se da el gusto de saborear el éxito y vivir su momento estelar es la gente que se compromete. Que da más de lo que le piden.

Si quieres reconocer a un perdedor, fíjate en su cara cuando le pides algo extra. Si busca excusas, lo más probable es que el éxito nunca se quede a vivir en su vida.

Las personas que han tenido el placer de saborear su momento estelar tienen estas cosas en común:

**1.** Paciencia.
**2.** Compromiso con su pasión.
**3.** Aprendizaje constante.
**4.** Curiosidad.
**5.** Energía.

Y todo eso lo visten con una gran capa de valor que los hace volar sin miedo hacia sus sueños.

## La luz que me enseñó a brillar sin miedo

Si hay algo que la experiencia y este oficio de vigilar el éxito me han enseñado es que no hay éxito que suceda de repente, de la noche a la mañana.

Siempre, antes de esa historia que parece tocada por una varita mágica, hubo dudas, miedo, intentos, esfuerzos y mucho trabajo. Pero es siempre mucho más fácil que se note el resultado que el proceso.

Siempre dejé muy claro en *La mujer de mis sueños* que el éxito para mí es hacer todo lo que te haga feliz. Y si eso que te hace feliz hace más feliz a otros, pues es como ganarse una gran lotería.

He aprendido que al éxito no podemos medirlo ni por títulos ni por sueldos. Y aclaro en este punto que un título y un sueldo sí pueden ser fuerzas que te motiven a seguir luchando, pero no deben ser lo que te definan. Porque esas dos cosas pueden desaparecer de la noche a la mañana, y entonces puedes correr el peligro de sentir que ya no vales. Y lo que no te imaginas es que quizás ese sueldo y ese título han desaparecido momentáneamente para darle el paso a cosas mejores.

También he aprendido que las cosas no pueden forzarse y que la vida, como dice el productor cubano Alexis Núñez, debe dirigirse como la tabla del surfista: para donde vayan las olas y sin forzar el recorrido.

Una de las personas que conoce muy bien ese proceso es Elnor Bracho, un venezolano de cerebro y alma brillantes que se dedica a ser *coach* de vida.

Él se describe como mentor, estratega holístico para negocios, transformador de vidas y asesor astrológico. Además, es asesor financiero y estudió criminología.

Yo lo describo como un alma pura con un cerebro lleno de conocimientos.

Elnor llegó a mi vida gracias a Alejandro Chabán, quien siempre me hablaba de él y celebraba sus conocimientos de astrología y numerología. Una noche, durante la cena de cumpleaños de Chabán, yo quedé (gracias al destino) sentada justo al lado de Elnor, y no recuerdo a nadie que me hubiera regalado nunca tanta paz sin conocerme.

"Luzma, pregúntale a Elnor si tu revolución solar tenía que ser en París", me dijo Chabán, que estaba sentado al frente nuestro.

Un mes antes yo había escogido París para cumplir años y ya esa respuesta me iba a llegar muy tarde. Entre otras cosas, porque nunca en mi vida he hecho la revolución solar y escogí París porque era el año de la Luz y yo, que me llamo Luz, cumplía 50. Por primera vez me cayó bien mi nombre y pensé en usarlo a mi favor.

Decreté llenarme de luz a partir de esa edad.

Para que nos vayamos entendiendo, la revolución solar es como una especie de mapa que indica donde estaba el sol el día de nuestro nacimiento, y mucha gente que conozco averigua cuál será la ciudad donde deben pasar su cumpleaños dependiendo de esa posición, para que ese nuevo ciclo que comienzan sea exitoso.

Al momento de escribir este libro, llevo 52 vueltas al sol y hasta ahora nunca he elegido una ciudad específica para celebrarlo por motivos astrológicos. Sin embargo, sí me llama mucho la atención que personas muy exitosas que conozco sí lo hagan.

Pero, volviendo a Elnor, esa noche preferí que ya no me dijera si París era o no la ciudad correcta y preferí pensar que, ese día que cumplí 50 bajo las luces de la Torre Eiffel, mi vida se estaba llenando de tanta luz que tendría que compartirla.

Yo iba a brillar sin miedo.

Y aquí tengo que hacer un paréntesis para que entiendas exactamente lo que te quiero decir:

Brillar sin miedo no es "figurar".

Ni estar en todas partes por estar.

Brillar sin miedo es…

1. **Prepararte mejor que nunca.** Buscar todos los caminos que sean necesarios para que tu resultado sea el mejor que puedas obtener.
2. Agotar todos los recursos y **que no te quede ni un solo "hubiera"** en el corazón.
3. Pararte, atreverte y **defender lo que deseas conseguir.** No dejar que nadie te lo arrebate.

4. Convencerte de que **el mundo te ofrece la posibilidad de brillar a ti porque te la mereces** por todos los puntos anteriores.

Dos semanas después, Elnor estaba en mi casa explicándome cómo funcionaban sus conocimientos a favor de una vida mucho más exitosa. En este punto, tengo que confesar que le temo grandemente a los videntes, que no me gusta saber qué me depara el destino y que, aunque mi curiosidad se enreda constantemente en los hilos de lo inexplicable, prefiero no pisar esos terrenos.

## Tú eres tu propio Merlín...

Estoy convencida de que la culpa de mi terror a los videntes la tuvo mi abuela Mamá Tina. Cuando yo tenía 8 años se fue a adivinar la suerte y le dijeron que si salía de vacaciones corría el peligro de sufrir un accidente y ella, por si las moscas, decidió que nadie de la familia podía viajar.

Nadie.

Ni mi mamá ni mi papá ni mi abuelo ni ella podrían salir de la ciudad y, por consiguiente, la única niña de la familia, léase Luzma, no tendría vacaciones.

"Más vale prevenir que lamentar", dijo Mamá Tina y, con esa frase, la diversión de junio y julio en mi casa de Cartagena quedó limitada a ver televisión.

Cuando le hice el reclamo a mi abuela, me contestó serenamente: "Con el destino no se juega. Si nos vamos de vacaciones y pasa algo, nunca me lo voy a perdonar".

Elnor no es vidente. Me dio tanta paz y me pareció un tipo tan inteligente y con tanto conocimiento que quise acercarlo a mi vida.

Rápidamente, confirmé lo que pensaba. Sus conocimientos no responden a ningún poder más que al de la ciencia que estudia los números. A eso hay que agregarle su inmensa vida interior y sus estudios sobre astrología. Varios años viviendo en la India lo convirtieron en una de esas almas sabias con las que puedes hablar por horas sin mirar el reloj y mucho menos aburrirte.

Recuerdo que lo primero que me pidió fue mi nombre completo, lugar y fecha de nacimiento.

"Luz María. 10 de julio de 1965, Cartagena, Colombia".

Ya en María había un pequeño problemita: "Es un nombre que arrastra sufrimiento", me explicó muy profesionalmente. "Y eso te lo alivia Luz, que es un nombre que irradia eso mismo".

Y si mi primer nombre me había coqueteado por primera vez en París, por aquello de la ciudad luz, esas palabras de Elnor me convirtieron inmediatamente en la Luz más agradecida del mundo. Esa tarde le perdoné a mi mamá que le hubiera hecho caso a mi abuela cuando sugirió, aquel 10 de julio cuando nací, que yo debía llamarme Luz.

A mí me hubiera gustado llamarme Karla, Daniela, Dominique... Y de hecho, cuando empecé a escribir en revistas, mis seudónimos eran Karla Domecq y Dominique Erte (secreto confesado: las revistas no tienen mucho presupuesto y los directores les piden a los redactores que usen seudónimos para que no se note tanto la pobreza).

Calmé las ganas de uno de esos nombres cuando nació mi hija y le puse Dominique.

Y es que yo tenía un problema con mi nombre. Siempre me pareció que Luz María no se parecía a mí. Tal vez porque a mí me daba vergüenza brillar... Sobresalir.

Pero ese día acepté mi primer nombre por primera vez y sin dudas, y te juro que, sin proponérmelo, mi vida comenzó a irradiar esa misma luz.

¿Tiene que ver nuestro nombre con lo bien o mal que nos vaya en la vida? Curiosamente, en India a las personas no les ponen el nombre hasta que nacen y las ven. Dependiendo de eso que ven en la carita del recién nacido, así lo llamarán.

Pero ¿cuántas mujeres nacieron aquel 10 de julio en Cartagena a la 1:20 de la tarde y sábado, para ser más exactos?

"Solo una: Luz María. Eso es como una huella digital", me explicó Elnor, y recuerdo que al estudiar mi carta astral me dijo que mi código era el 8 (la suma de mis fechas) y que ese código estaba muy bien aspectado. Y aquí viene lo que me dejó fría:

"Tú tienes que dejar un legado escrito. Aquí lo estoy viendo", me explicó mirando su computadora, donde había metido todos mis números.

Lo que Elnor no sabía en aquel momento era que yo ya estaba escribiendo *La mujer de mis sueños*.

Por eso, cuando planeé escribir *Tu momento estelar*, en la primera persona que pensé fue en él y lo invité a almorzar para entrevistarlo y acribillarlo a preguntas.

**¿El éxito se puede crear?**
Si tienes un conocimiento y puedes usar ciertas herramientas como numerología, *feng shui* o astrología, entonces puedes armar un plan que al ejecutarlo te dé el resultado que tú deseas.

**¿Cómo funciona exactamente ese proceso?**
Yo coloco el nombre de pila, fecha de nacimiento, hora y

ciudad en mi computadora, donde tengo herramientas especializadas, y ahí miro tu carta astral. La hora exacta, por ejemplo, es muy importante. Descubro fortalezas y debilidades. Muchas personas nacen con el éxito marcado, con una carta astral poderosa y no la aprovechan. Otras, descubren sus debilidades y yo los ayudo a fortalecerlas. Quizás se ve ahí que no eres bueno para las matemáticas. Entonces, yo te ayudo a que mejores en matemáticas, no a que te conviertas en matemático. Yo creo fielmente en este dicho: "Es mejor llegar a ser que haber nacido siendo". Esa historia heroica de lucha por lo que quieres no te la quita nadie.

**Si pudiéramos hacer ese kit para alcanzar el éxito y vivir nuestro momento estelar, ¿cuál sería?**
Sugiero que la persona se haga una carta astral con alguien responsable, que descubra para lo que realmente sirve y cómo está aspectado. Eso te sirve incluso para analizar tus relaciones con otras personas. La idea aquí no es dividir, es aprender a coexistir con nuestras vibraciones. Con ese mapa te ahorras muchos golpes. Las fechas en que tomas decisiones, firmas contratos, son muy importantes también. Hay días en que todo nos sale mal porque no son los días para hacer ciertas cosas, porque los planetas no están aspectados para el éxito. Cuando lo estudias y lo entiendes, entonces te ahorras muchos sinsabores. Muchos satanizan la astrología y no te ven como un astrólogo, sino como un mago. Y no se dan cuenta de que el mago es uno mismo. Tú eres tu propio Merlín. La magia existe y la creas tú con tus propias acciones. Todos podemos crear cosas y hacerlas posibles.

### ¿Te sientes pieza clave en el éxito de tus clientes?

Digamos que soy el compañero de viaje. Durante nuestras sesiones les hago las preguntas pertinentes para que ellos busquen las respuestas. Les hago reflexionar. Los hago viajar hacia adentro. Todos venimos con un talento para algo y muchas veces no lo descubrimos. Y lo que es peor, lo perdemos en el camino porque nos convencen de que no servimos para eso. Yo me apalanco en herramientas astrológicas para devolver ese talento y fortalecerlo. Si existe, por ejemplo, un calendario lunar para tener cosechas más productivas, imagínate lo que la luna puede hacer en los seres humanos. Yo armo un plan que, al ejecutarlo, puede dar un buen resultado.

### ¿Qué les respondes a los que creen que esto es brujería?

Yo no creo en brujería. Cuando tú tienes una mente fortalecida estás empoderado y nada te afecta porque tú vibras en alta. Tu energía está por encima de todo lo malo que haya. Tú puedes estar alrededor de personas negativas y, si estas empoderada, lo que te puede pasar es que empoderes a esa gente. Cuando te empieces a sentir incómodo en un lugar, ya sabes que tú no perteneces a ese grupo. La vida te enseña de muchas formas. Cuando empiezas a ver otro trabajo como una posibilidad o, incluso, hasta otra pareja, es porque tu intuición te está diciendo que hay que moverse.

Ese sabio interior que te habla es la intuición. Es esa voz que ha recogido durante tu vida toda la sabiduría. Y ahí es cuando tienes que tener el valor de atreverte. La intuición es tan fuerte que hay veces en que incluso te dicta el color con que debes vestirte. El rojo, por ejemplo, lo usan las personas que desean sobresalir. Dependiendo de la luna en tu signo, yo veo qué colores te favorecen determinado día. Los astros te marcan y tú decides. Al final, tenemos el libre albedrío. Yo vi en tu carta que tenías que dejar un legado escrito. Pero, si tú no te hubieras atrevido a hacerlo, nada hubiera pasado. No estuvieras viviendo tu momento estelar.

### ¿Cómo se crea un momento estelar?

Cuando tú te conoces bien y sabes cuáles son tus fortalezas y debilidades. Por ejemplo, cuando te preguntas ¿por qué me cuesta tanto aprender algo? Entonces empiezas a tener esas guías y comienzas a buscar cosas que puedas utilizar para tu propio éxito. Empiezas a cambiar circunstancias en tu vida que pueden transformarlo todo. En ese instante en que tú mismo quiebras esa zona de confort e inicias la subida, tendrás ese momento ¡wow! en que la vida empiece a cambiarte y comiences a vivir tu momento estelar. A veces el universo te patea, te mueve y te lleva al lugar adecuado. Hay otras personas que vienen a pagar un karma. Hay gente que dice: "yo me porto bien y no me pasan cosas buenas". No puedes dar esperando algo a cambio. Así no funcionan las leyes del universo. Lo importante es no detenerse y levantarse siempre después de un fracaso.

### ¿Qué tuvieron firmas como Amazon, Airbnb o Uber para ser tan exitosas?

Ellos vieron algo que los otros no percibieron. Vieron como posible lo imposible. Hicieron algo que el resto de la gente no se atrevió a hacer.

## Buena suerte o que te parta un rayo: ¿La misma probabilidad?

En una clase del escritor mexicano Guillermo Arriaga a la que tuve el privilegio de asistir, me sorprendió cuando él dijo que el primer éxito de un escritor corre el peligro de matarlo. Inmediatamente le pregunte cómo él había sobrevivido a tantos éxitos (*Amores Perros, Babel, 21 Gramos, El Salvaje*) y me contestó: "Porque lo he disfrutado sin creérmelo mucho. Escribo 13 horas diarias. Uno no se puede creer el cuento de que es exitoso".

Arriaga está convencido, me lo dijo ese mismo día, de que el éxito es pura suerte. Y que, si antes solo podía enfocarse en un solo proyecto y ahora se volvió *multitasking* (que hace muchas cosas a la vez), es por una sola razón: porque le pagan mucho dinero por hacerlo.

En su libro *El estilo Virgin*, Richard Branson asegura que la suerte es uno de los factores más menospreciados de la vida porque todas las personas con suerte son las mismas que se preparan para tomar grandes riesgos. Según él, los miedosos, los que no se atreven a saltar son los que no parecen tener tanta suerte. Y no es coincidencia. O sea, que los valientes tienen más probabilidad de vivir un momento estelar solo por eso: porque se atreven. Para Branson, la gente ve la misma probabilidad de tener suerte que de que les caiga un rayo. Y eso, queridos amigos, ya es síntoma de no creer en uno mismo.

## Cuando el gran día te llega despacito...

Según el sicólogo Albert Bandura, la gente que cree en sí misma y que tiene el poder de controlar sus vidas es más saludable, efectiva y exitosa. Su teoría de la autoeficacia asegura que las personas más exitosas son las que más creen en sí mismas. Las que más seguras están de que van a conseguir lo que planean.

Y yo no dudo que así sea, pero también conozco a muchos exitosos absolutamente inseguros. Lo que me lleva a pensar que el éxito puede convertirse en una adicción y, como cualquier otra, tener resultados adversos. Y es ahí cuando las vidas se enredan en vicios y malas compañías, y lo que iba a ser un cielo azul se convierte en un infierno.

Curiosamente, la mayoría de las personas luchamos por cumplir nuestras metas, pero son pocas las que te hablan de vivir ese momento estelar.

A Luis Fonsi, por ejemplo, todos lo considerábamos un cantante exitoso. Pero nunca nadie pudo presagiar que el video de una canción llamada "Despacito" sería el más visto en YouTube, que la canción sería la número uno de todas las listas, y que esos 3 minutos 48 segundos se convertirían en billones de reproducciones.

La primera vez que yo vi a Luis Fonsi en un escenario fue cuando llevé a mi hija Dominique a un concierto de Britney Spears. Me llenó de orgullo que aquel jovencito puertorriqueño fuera el telonero de la Spears. Admiré su sello inconfundible y después lo vi convertirse en todo un hombre.

Su "No me doy por vencido" se convirtió en un himno. Verlo feliz y estable junto a su linda esposa Águeda López, sus dos hijitos y sus canciones —que se volvían hits—, era lo más parecido a ser testigos de un gran momento estelar.

Nos equivocamos. Todos.

Luis Fonsi iba a ser aún más exitoso.

Y gracias a una sola canción…

Ese momento estelar se demoró 20 años en llegar. Lo cual confirma que no hay ni edad, ni tiempo perfecto para lograr un sueño y magnificarlo. Por esa razón es que nunca, pero nunca, puedes darte por vencido y pensar que ya tu momento pasó.

O que ya tienes suficiente.

El universo, la vida, Dios, o como quieras llamarlo, siempre tiene algo más guardado para ti.

Y es tu deber salir a buscarlo.

Un día, bajándome del metro de Hamburgo, sentí que de la pastelería de la estación salía una voz conocida. Era Luis Fonsi cantando "Despacito". Y después de ponerme a bailar en Hamburgo, agradecí en silencio a él, a Daddy Yankee y a la panameña Erika Ender por haber logrado con su canción lo que tanta falta nos hace a todos en el mundo: sentirnos unidos.

Lo confirmé cuando llegué a Rusia y los volví a oír en San Petersburgo.

La canción era un éxito mundial. En Spotify logró ser la canción latina más escuchada.

Como periodista, por supuesto quise analizar el éxito. Y más aún porque este boom mundial ocurrió mientras escribía este libro que trata de explicar cuáles son los ingredientes que tienen los momentos estelares.

El *Washington Post* se lo atribuyó a que la comunidad hispana de los Estados Unidos sigue creciendo. Estudios sicológicos aseguran que el éxito es debido a la composición melódica. Los más escépticos se lo atribuyeron a que Justin Bieber hiciera su versión después de enamorarse de la canción durante su visita a un club en Bogotá… Y hubo quien dijo que la causa fue esa letra que tenía tanto sexo disfrazado de poesía.

Según Luis Fonsi, él siempre supo que "Despacito" no era una canción cualquiera y cuenta que, cuando llamó a su director Carlos Pérez para enseñarle la canción, su respuesta fue un ¡GUAU!, y cuando le propuso a Zuleyka Rivera que fuera la modelo de video, ella le dijo que era la mejor canción que había escuchado en su vida.

Mayna Nevarez vivió el proceso de "Despacito" desde que empezó, porque ella es la publicista de Daddy Yankee, pero confiesa que nunca se imaginó que llegaría a ser el fenómeno musical en el que se convirtió. Por eso, aquella noche de los Grammys, mientras ellos dos cantaban, ella se quedó detrás del escenario mirando los monitores.

"Esa noche en los Grammy los dos, Fonsi y Yankee, tenían esa carita del que está cantando por primera vez. Fue su gran momento estelar juntos y en ningún instante perdieron la ilusión de disfrutarlo", dice Mayna, la gran testigo de aquel momento estelar.

## Profesión: creadora de momentos estelares

Conozco a Mayna Nevarez desde que esta brillante puertorriqueña trabajaba para la disquera BMG, y su historia merece ser contada porque es de esas mujeres que no solo son testigo de los momentos estelares de los grandes (también maneja las relaciones públicas de Carlos Vives y Elvis Crespo), sino que su profesión se mide por el número de esos momentos estelares que ha ayudado a construir.

Cuando yo producía *Escándalo TV,* Mayna trataba de convencernos de que le diéramos la oportunidad a este muchacho llamado Daddy Yankee con una canción que se llamaba "La gasolina". Recuerdo que en aquel momento mi productora Sonia Albarracín lo invitó al *show,* y al día siguiente Yankee desbancó a Luis Miguel.

Mayna es de esas personas que de cualquier crisis crean una oportunidad. Cuando la editorial en la que trabajaba en Miami trasladó sus operaciones a México, ella estaba embarazada y, en vez de echarse a morir, decidió trabajar desde su casa y montar su propia compañía de relaciones públicas: Nevarez Communications, cuyo lema es "Nosotros construimos los sueños de nuestros clientes".

Empecé con proyectos de las mismas personas con las que había trabajado antes. Lo cual te indica la importancia del *networking*. Una me iba refiriendo a la otra. Después, hice una lista de todos los artistas de reguetón que estaban surgiendo. En ese momento estaba naciendo la música urbana y estaba naciendo mi compañía, así que decidí enfocarme en ellos. Y me fui a tocar puertas en medios americanos, en los que habían más escritores de *hip hop*, para que le hicieran historias a este género que estaba naciendo. Los medios latinos eran más racistas y no querían prestarle mucha atención y, fíjate como es la vida, al ver que los medios en inglés se estaban interesando, comenzaron a interesarse.

Entre los clientes de Mayna estaban Gringo y Baby Rasta, a quienes Mayna logró colar en *Sábado gigante*. Daddy Yankee, que apenas comenzaba, los llamó para preguntarles cómo lo habían logrado, y así fue como le recomendaron que trabajara con Mayna.

"Recuerdo que en aquel entonces Yankee aún vivía en Villa Kennedy, una barriada popular en San Juan, y comenzamos a trabajar juntos. A llamar a todos los productores… Aún no sé cómo convencí a Mario Ruiz y a Cisco Suárez para que lo invitaran al Premio Lo Nuestro de Univision. Ahí fue cuando bajó en aquel Lamborghini".

Al otro día Yankee no podía salir a la calle. "La gasolina" era número uno y en la oficina de Mayna el teléfono no paraba de sonar. "Tuve que contratar a una persona solo para que respondiera llamadas", recuerda Mayna.

Fue el primer gran momento estelar de Yankee y de Nevarez Communications.

## Si lo escribes, te va a pasar

Una de las cosas buenas que he aprendido en mi vida y que me ha dado resultado es escribir lo que deseo conseguir.

Y dar las gracias por adelantado.

El consejo me lo dio un día Ismael Cala y lo he seguido al pie de la letra. Él lo llama el *Diario del agradecimiento*, y consiste en escribir todas las mañanas una lista de las cosas por las que estás agradecido.

Y empecé a hacerlo. Al principio me daba un poco de vergüenza con Dios. Esa maldita manía de sentirnos avergonzados de tener. Pero poco a poco me empecé a sentir merecedora y a agradecer todo lo que yo quería. Comencé a darme cuenta de que Dios y el universo estaban permitiendo que pasaran cosas en mi vida que yo había pedido.

Recuerdo que en un vuelo de Cancún a Miami, en el que el avión daba vueltas y vueltas por mal tiempo en el aeropuerto de Miami, empecé a escribir todas las cosas que quería tener y que de antemano estaba agradeciendo. Un par de meses después, releí la lista y me asombré al ver que varios de esos deseos ya eran una realidad en mi vida.

Hace poco me encontré dentro de un libro una servilleta con 10 frases escritas por mí. Una de esas frases era: "Voy a escribir una columna en un periódico". No sé ni dónde ni cuándo la escribí, solo sé que actualmente mi columna sale todos los domingos digi-talmente en *La Opinión* de Los Ángeles y en *El Diario Nueva York*. Y los lunes sale impresa en *La Opinión*.

Estoy segura de que cada línea de esa servilleta la escribí con fe. Y como dice mi admirada Oprah Winfrey: "Dios quiere cumplirte un sueño mucho más grande que el que tú ya tienes".

Los seres humanos tendemos a ser fatalistas. Cuando algo bueno sucede, pensamos que después viene algo malo. A partir de esta línea haz un compromiso contigo mismo:

1. Convéncete de que todo lo que viene para ti será mejor que lo que has tenido hasta ahora.
2. No le tengas miedo a los resultados. Hay quienes nunca viven su momento estelar porque en su fatalidad se enfocan más en lo que pueden perder que en lo que van a ganar. Y eso hace que se paralice la acción.

Una de las cosas que empecé a notar después de que lancé *La mujer de mis sueños* es que la gente me percibía con mucha más paz que antes. Tengo que admitir que, en medio de mi vida laboral, que es bastante movida, trato de guardar mi adrenalina para las 4 horas del *show* en vivo, las otras 20 horas trato de vivirlas en paz en medio de cualquier tormenta. Esto lo he logrado gracias a que siempre trato de priorizar.

Noto que la mayoría de las personas se desenfocan sin apreciar, como dicen los gringos, *the big picture* o la visión general.

Una vez leí que la gente que tiene suerte es aquella que todos los días va haciendo algo que la conduzca a encontrar esa "suerte".

En otras palabras, que todos los días tú tienes que hacer algo que te acerque a tus sueños.

Por cierto…, aparte de leer este libro, ¿has hecho hoy algo más para acercarte a tus sueños cumplidos?

## Esa gente que te pone Dios...

A mí me ha funcionado dejar que las cosas fluyan. Y aquí en este punto tengo que dejar muy claro que una cosa es luchar por lo que quieres y otra, obsesionarte con lograrlo. La pasión tienes que enfocarla en el trabajo que estás haciendo para alcanzar tu meta, pero no en vivir de mal genio todo el día porque no lo has conseguido.

Cuando eres espectador de tu propio sueño y se lo entregas a Dios y, además, trabajas a conciencia para lograrlo, suceden pequeños milagros diarios que te acercan a esa meta. A mí, por ejemplo, me puso gente tan generosa en el camino que siempre usaré la vida que me quede para agradecerlo a diario.

Una de esas personas es Jorge Viera, que fue conductor del noticiero local de Univision en Nueva York. Recuerdo que Jorge me escribió un día diciéndome que iba a estar en Miami y quería conocerme.

Apenas entró a mi oficina comenzó a contarme su historia, que yo ya había leído en su libro *De todo menos perfecto*, y me dijo que quería invitarme a presentar mi libro en Nueva York, en la sede del Comisionado Dominicano de Cultura. Un mes después estábamos él y yo frente a cientos de personas, montados en un escenario hablando de *La mujer de mis sueños*.

Aquella noche, a diferencia de la primera vez que llevé el libro a Nueva York y el público era de la tercera edad, el teatro estaba repleto de jóvenes soñadores que querían tomar acción para hacerlos realidad. Estuve más de dos horas firmando libros y en este momento, cuando recuerdo esa gran noche que me regaló Jorge, solo les puedo decir que la vida te regalará también a las personas que pueden hacerte vivir tu momento estelar. De eso estoy segura.

Y una persona te trae otra y esa otra te hace el sueño cumplido mucho más grande.

Gracias a Jorge conocí a la comisionada de cultura de la República Dominicana, Johanna Herrera, y gracias a ella fui por primera vez a la Feria del Libro de República Dominicana. Y ahí comenzó mi historia de amor con ese país.

Una de las primeras en enamorarse de *La mujer de mis sueños* fue Evelyn Betancourt, la editora de la revista *Santo Domingo Times*. Evelyn es una cubana a la que hay que ponerle el "muy" siempre antes de todo. Muy linda. Muy inteligente. Muy creativa.

Y muy generosa y buena persona.

Evelyn leyó mi libro y me escribió un mensaje privado por Instagram invitándome a Santo Domingo para darle una charla a un grupo de mujeres exitosas.

Inmediatamente acepté.

Una de las cosas que he hecho después de escribir el libro es volverme mucho más fácil. No poner trabas. Estoy en una posición en la que quiero hacer que las cosas sucedan y si el universo, Dios y la vida me ponen personas que quieren transmitir el mensaje, inmediatamente digo que sí.

## 10 cosas que no debes olvidar en el camino al éxito

Evelyn fue la primera persona que organizó un evento en Santo Domingo en el que la única atracción era yo. Y lo hizo sin ni siquiera conocerme.

Recuerdo que me estaba esperando en el aeropuerto de Santo Domingo junto a Lalo, su maravilloso esposo, e inmediatamente hicimos *click*. Es de esas mujeres que reúnen nobleza, inteligencia, pasión por lo que hacen y un deseo grandote de comerse al mundo. Ese día ella reunió a más de 50 ejecutivas exitosas, lo que cambió un poco mi mensaje.

Al conocer que mi audiencia eran mujeres que ya habían conseguido sus sueños, decidí hablarles de las 10 cosas que no debemos olvidar en nuestro camino al éxito:

1. **Celebra cada victoria**. Lo más seguro es que falta mucho por conseguir: Nos volvemos tan exigentes que, por mirar hacia adelante, no disfrutamos los procesos. Todo empieza a parecernos poco. La competencia con nosotras mismas y el estrés hacen que se nos olvide disfrutar nuestras pequeñas victorias. Y el éxito no es más que la suma de esas pequeñas victorias. No podemos perder la pasión ni la capacidad de sorprendernos nunca. Ni siquiera cuando pienses que ya lo conseguiste todo. Acuérdate de Luis Fonsi: siempre puede haber más y ese gran momento estelar puede llegar "despacito".

2. **Ayuda a crecer a las personas que te rodean:** No crezcas solo. Inspira a otros a que logren lo que sueñan. Entrénalos. Recomiéndalos. Conviértete en un mentor. Reconoce el talento de quienes brillan delante de los jefes. Apláudelos. Los líderes son los que hacen que otros puedan crecer. Hazlos sentir importantes. Préstales su luz para que brillen. Dice Madeleine Albright que las mujeres que no ayudan

a otras tienen un puesto reservado en el infierno. Yo le agrego a esto hoy, que a los hombres les puede pasar lo mismo.

3. **Usa tu poder para servir.** A medida que nos van premiando y van reconociendo nuestros logros vamos adquiriendo el poder de ser reconocidos. El verdadero poder de una persona es el de servir. ¿Por qué crees que te van a recordar cuando te vayas? La respuesta es tu verdadero propósito en la vida. El poder debe convertirnos en puentes y no en muros. Si existe algo mejor que cumplir sueños, eso es ayudarlos a cumplir.

4. **Vive totalmente presente.** ¿Cuántas veces estamos ahí en esa cena familiar pero las preocupaciones nos transportan a otro lugar? ¿O pecamos de tomar el teléfono y separarnos de la familia? Ese "estoy muy ocupada" hace que nos perdamos esa anécdota, esa llamada, esa conversación que quizás sea la última con un abuelito o un papá. Valoremos el tiempo. Hay una parte en *La mujer de mis sueños* que dice:

> Que vivimos llenos de preocupaciones que nunca se hacen realidad. Que cuidamos con locura nuestros trabajos para que nadie nos los quite y descuidamos con locura a los que más queremos porque pensamos que nadie nos los va a quitar. Que no llamamos a los que queremos porque no tenemos tiempo y un día nos damos cuenta de que tenemos tiempo, pero no tenemos a quien llamar.

5. **Nunca dejes de ser estudiante.** La gente piensa que porque ocupamos puestos de liderazgo nos las sabemos todas. Pero no es que nos las sepamos todas..., es que debemos aprendérnoslas todas. Hay que aprender lo que saben las personas que trabajan con nosotros para entenderlos mejor. Aunque seamos de letras hay que aprender cómo piensan los de los números... o viceversa. Hay que ser un estudiante toda la vida.

6. **No somos ni los títulos que tenemos ni las empresas para las que trabajamos.** Somos los recuerdos que dejamos en la gente. Las vidas que impactamos. Lo que hacemos posible. En la medida en que nosotros brillemos vamos a hacer brillar a nuestros jefes, a nuestras empresas; pero no lo debemos hacer por ellos, sino por nosotros mismos.

7. **Igual que vamos al gimnasio a cuidar el cuerpo, y compramos cremas para la piel, así hay que cuidar el alma.** Las preocupaciones, los miedos, el estrés con el que convivimos a diario van creando inseguridades que no nos dejan ser felices del todo. Libérate de las culpas. Regálate tiempo para ti. Desintoxícate. A mí me ha servido leer a Oprah, a Gabrielle Bernstein, a César Lozano, a Arianna Huffington... (y espero que a ti, además, te sirva leer a Luz María Doria).

8. **Reinventarse e innovar. No te quedes en la zona cómoda.** Rompe la rutina. Haz el trabajo de tus empleados por un día. Vive la vida de tus clientes. Atrévete a cumplir ese sueño que todavía tienes pendiente. Propón esa idea nueva.

Crea ese negocio. Yo a los 50 me atreví a escribir *La mujer de mis sueños* y desde agosto del 2016 no hay un mes en el que haya dejado de montar en avión, al que le tenía terror, para llevar su mensaje por todos lados.

9. **No se te olvide agradecer**. Hay una fórmula mágica que sigue el universo y es que, cuando contamos nuestras bendiciones, se multiplican. Y hay que agradecer incluso lo que aún no hemos recibido, pues darlo por hecho lo hace realidad. Le escuchaba decir a Oprah un día que había que agradecer ¡por las sábanas! Está comprobado que, cuando agradeces por lo que tienes, eres más consciente de lo que te hace feliz y empiezas a vivir mejor.

10. **No te tomes tan en serio**. Ve por la vida siendo auténtica, real. Quítate las máscaras. No te metas de lleno en tus personajes. Y, sobre todo, no dejes de reírte de ti misma. Abracemos nuestras imperfecciones para que ese éxito del que hoy gozas sirva de inspiración a quienes piensan que es imposible. Que quien te mire vea a una mujer real que solo hizo lo que se debe hacer para lograr el éxito: perder el miedo, prepararse y atreverse a tomar acción.

Esa misma noche, después de aquella conferencia, Evelyn me invitó para que regresara a participar en su primer evento "Days to Shine" que tendría lugar unos meses después, y que además era uno de sus grandes sueños. Se trataba de una conferencia en la que varias profesionales exitosas iban a motivar a las mujeres de la República Dominicana, un país, por cierto, lleno de gente optimista con muchas ganas de progresar y de mujeres cuya necesidad de superarse me sorprende siempre gratamente.

Me emociona cuando veo que ese tipo de eventos están repletos de jovencitas que quieren triunfar y aprender de quienes tienen experiencia.

Cuando regresé a Santo Domingo meses después para dictar mi segunda conferencia, me dio mucho orgullo ver cómo Evelyn y su equipo brillaron con el éxito arrasador de su espectacular evento. Evelyn se ha dedicado a mostrar lo más bello de la República Dominicana y su gente, y hoy en día ya tiene varias revistas de excelente calidad, maravillosos anunciantes y contenido editorial.

## Así se prepara un momento estelar

Antes de terminar este capítulo te voy a contar algunas anécdotas que a mí me encantan, porque comprueban dos cosas.

La primera: que nunca se debe perder la esperanza de conseguir lo que soñamos. La segunda: que cuando uno se enfoca y se convence de que eso que deseamos con pasión va a llegar, pues eso mismo pasa: algún día llega.

Dicen que hace años el actor Jim Carrey se escribió a sí mismo un cheque por 10 millones de dólares y lo metió en su billetera para inspirarse. La fecha que le puso fue del año 1994. Y en 1994 eso mismo le pagaron por actuar en la película *Dumb and Dumber*.

Will Smith asegura que en su mente él siempre se vio como uno de los actores mejor pagados de Hollywood. Incluso, se veía así cuando nadie lo conocía.

En el 2009, Katy Perry confesó que cuando ella tenía 9 años su profesora le pidió que hiciera un *vision board* o un tablero de visión.

Ella buscó una foto de Selena con un Grammy en la mano y la colocó allí. Años después, Katy celebraba su nominación a este mismo premio.

Pamela Silva Conde, periodista y conductora del *show* de Univision *Primer Impacto* lo aconseja también: "No hay nada de malo en repetir en voz alta nuestro sueño. Aunque la gente lo vea como algo imposible. Aunque se burlen de nosotros. Hay que decirlo sin miedo, porque si nosotros estamos seguros de que lo haremos realidad, eso mismo sucederá".

# Coméntalo en las redes

"Ese momento estelar no tiene edad. Nunca eres demasiado viejo ni demasiado joven para vivirlo".

"Cuando uno se enfoca y se convence de que eso que deseamos con pasión va a llegar, pues eso mismo pasa: algún día llega".

"Cuando eres espectador de tu propio sueño y se lo entregas a Dios y, además, trabajas a conciencia para lograrlo, suceden pequeños milagros diarios que te acercan a esa meta".

"No le tengas miedo a los resultados. Hay quienes nunca viven su momento estelar porque en su fatalidad se enfocan más en lo que pueden perder que en lo que van a ganar".

"Ese sabio interior que te habla es la intuición. Es esa voz que ha recogido durante tu vida toda la sabiduría".

"Curiosamente, la mayoría de las personas luchamos por cumplir nuestras metas, pero son pocas las que te hablan de vivir ese momento estelar".

@luzmadoria

# 2

# EL ARTE DE HACER

## de tripas

# CORAZÓN

> "El futuro tiene muchos nombres. Para
> los débiles es lo inalcanzable. Para los
> temerosos, lo desconocido. Para los valientes
> es la oportunidad".
>
> VICTOR HUGO

Cuando vas caminando por la ruta que te lleva a vivir tu momento estelar te vas a encontrar personas que te sabotearán.

Son fáciles de reconocer. Se van a burlar de ti.

Y los que no pueden usar la sorna, usarán el veneno y te criticarán.

Minimizarán tu sueño.

Te harán sentir que lo que haces no es importante. Usarán tu propio mensaje para tratar de herirte...

"¿No que muy valiente?"

"¿No que posees la fórmula del éxito?"

Te tengo buenas noticias. Eso les pasa a todos los triunfadores. No hay exitoso en este mundo que no lo haya vivido. La parte buena de esta historia es que solamente tú puedes controlar el impacto que esas personas tengan en tu vida.

No hay una sola persona en el mundo que no quiera llegar a saborear el éxito. Lo difícil es conseguir fortaleza para el camino. Hay un dicho conocido que resume lo que quiero decirte: "la presión puede hacer estallar una tubería o pulir un diamante".

Tu decides si tu destino final es ser la tubería o el diamante.

## Solamente tú puedes decidir el tamaño del daño que te harán

A mí, cuando amanezco muy inspirada, me dicen que "me tragué a Oprah". Y no saben que la burla se convierte en orgullo y me impulsa más.

El *qué dirán* dejó de importarme en el preciso instante en que recibí el primer mensaje de una lectora de *La mujer de mis sueños* diciéndome que el libro la había ayudado a superar la muerte de su hijo.

Si, leíste bien: la muerte de su hijo.

El mensaje me partió el corazón. Me cambió la manera de ver mi propio libro. Y, sobre todo, me confirmó que nunca, nunca, sabremos del todo la consecuencia del impacto que tendremos en otra vida, para bien o para mal.

La primera vez que leí el mensaje asumí, y no sé por qué, que esta lectora había sufrido un aborto espontáneo. Entonces le escribí preguntándole cuántos meses de embarazo tenía (yo también perdí un bebé a los 3 meses de embarazo y pensé darle ánimo contándole lo que me había ayudado a mí a salir de mi tristeza).

La respuesta de ella me dejó aún más impactada.

"Mi hijo tenía 24 años. Me lo mataron. Estaba tirada en una cama sin consuelo hasta que su libro llegó a mis manos. Poco a poco fui recuperando fuerzas. Decidí levantarme, montar mi propia peluquería, que siempre fue mi sueño, y seguir adelante".

Cuando yo estaba escribiendo *La mujer de mis sueños*, estaba convencida de que el libro les serviría a las personas miedosas, como lo fui yo, que pensaban que no iban a conseguir su sueño. Pero nunca, nunca me imaginé que podría ayudar e inspirar a una madre que había perdido a su hijo.

Entonces, volviendo a los que te contaba cuando empecé este capítulo, ¿crees que una burla o una crítica mal intencionada (las constructivas son siempre válidas y se reconocen) van a poder truncar un sueño que le servirá tanto a alguien?

¡Nunca!

No puedes permitirlo.

No puedes darte por vencido porque alguien trató de bajarte de tu nube.

Tu misión es seguir montado en ella hasta que lo logres.

Tu tienes el deber moral contigo mismo de hacer de tripas corazón y seguir caminando con elegancia hacia el éxito.

Recuerdo que una vez, después de una entrevista de radio en Miami, entró a la cabina una chica llamada Yari y me pidió una foto. Después de posar para la *selfie,* me abrazó y me dijo: "Gracias a lo que la escuché decir en esa entrevista, hoy es la primera vez que vuelvo a sonreír después de la muerte de mi papá".

Cada uno de mis lectores me ha regalado la fuerza y el blindaje necesario para que no entren en mi vida las balas que pretenden destruir los sueños.

Y ese es mi gran consejo para todo aquel que quiera vivir su momento estelar.

(Lee esto las veces que sea necesario):

Tú tienes que encontrar ese motivo que va a vivir siempre en tu corazón y que te va a hacer caminar hacia adelante sin perder el enfoque que necesitas para ir avanzando.
Con fuerza.
Con ganas.
Sin miedo.

Sin pausa, hacia tu momento estelar.

Tu motivo tiene que ser más grande que tu miedo.

Más grande que tu temor a equivocarte.

Más grande que tu pánico a fracasar.

Más grande que cualquier duda que se atraviese en tu cerebro y que te haga pensar en el fracaso.

Cuando sientas esa seguridad, convéncete de que tienes el cielo despejado para seguir tu vuelo.

Tú, en lo que quieras hacer, debes estar consciente de que tienes el poder de convertirte en una luz para los demás.

En una de mis firmas de autógrafos en Nueva York se me acercó Patty, una lectora que me dijo muy emocionada: "*La mujer de mis sueños* me quitó el miedo".

Lo más divertido es que me lo dijo temblando. Y recuerdo que la abracé y, riéndome, le dije: "Mentirosa. Mira como estás temblando. Pero no te preocupes que a mí me pasa lo mismo. Antes de salir al escenario yo estaba igual que tú, temblando. Pero me atreví como lo hiciste tú, y es lo que cuenta".

Lo más bonito de esta historia es que Patty y su esposo, que siempre habían soñado con crear su línea de diseño de joyas, decidieron hacerlo. Un año después, mientras yo estaba produciendo *Teletón USA* en Times Square, se me acercaron para contarme que gracias a esta frase de *La mujer de mis sueños*: "manda ese *email*, haz esa llamada", no se habían quedado con las ganas y habían seguido insistiendo:

"Hace un año fuimos a Miami a buscar quien distribuyera nuestra línea de joyas. La persona que queríamos que nos distribuyera en Miami nos dijo que no era posible. Volví a leer *La mujer de mis sueños* y, un año después, insistimos de nuevo. ¿Y sabe qué, Luzma? ¡El señor de Miami nos dijo que sí!"

Ver que Patty esta viviendo ese momento estelar me inyectó el espíritu de buena vibra. No se imaginan todos mis lectores que son ellos mismos los que ahora me inspiran a mí.

Y así fue como ese club de visibles e invencibles con el que yo soñaba cuando escribía mi primer libro, aún sin tener siquiera una editorial que lo publicara, se hizo realidad gracias a ustedes mismos.

Gracias. Gracias. Gracias.

## Sí, hay que cambiar. Y se puede

Mucha gente que me conoce me dice asombrada que he cambiado mucho. Que ahora soy más calmada. Más valiente. Más sociable.

Que me atrevo a todo.

Claro que he cambiado. De eso se trata. De ir convirtiéndote en lo que quieres ser. De soltar todo lo que te ate. Lo que no te deje ser.

Si yo ahora voy a eventos, acudo a entrevistas y viajo, es porque me he dado cuenta de que la gente lo necesita. Donde haya una necesidad de transmitir un mensaje de empoderamiento al ser humano, ahí voy a estar.

Por eso yo no creo en eso que dicen: que la gente no cambia…

Cuando uno quiere, puede y cambia.

Esa transformación, gracias a Dios, no ha sido dolorosa. Al contrario, ha multiplicado mi fe y la felicidad que ahora experimento al poder servir. Yo decidí que, en esta nueva vida a la que le agregué muchas más actividades de las que tenía antes, iba a disfrutar todos los procesos. Que iba a ser más positiva y a permitir siempre que la vida me sorprendiera gratamente. Y esa felicidad que siento de saborear con gusto todo lo nuevo que estoy viviendo, hace que se refleje en mí la paz que siento.

Ese es siempre el fin: aprender a ser más feliz.

También es verdad que a veces esos procesos no son todo lo pacíficos que quisiéramos que fueran. A veces hay que tomar decisiones dolorosas. Como, por ejemplo, separarnos de personas que nos sabotean. Y es que a veces esas personas son parte de nuestra propia familia.

En una conferencia a la que asistí en Barranquilla, una mujer me preguntó qué podía hacer con su pareja que no la apoyaba.

Normalmente, no me gusta aconsejar a nadie sin conocer las dos partes de la historia. Y menos decirle a alguien, delante de 500 personas, que abandone a su pareja. La realidad es que cuando alguien que amamos no apoya nuestros sueños debemos elegir con madurez lo que nos haga más feliz.

Esa decisión debe ser muy personal y nadie más que tú debe saber si alejarte de tu sueño a cambio de conservar a tu pareja, vale la pena.

Lo que sí te puedo aconsejar es que siempre trates de unirte a alguien que sea el socio o la socia de tus sueños. Siento tanta gratitud cuando veo que las lectoras de *La mujer de mis sueños* llegan a mí acompañadas de sus parejas. Y cuando ellos me agradecen el cambio de sus mujeres, yo les agradezco a ellos que sean el marido de sus sueños. No te imaginas cuántos hombres han comprado mi libro y me han pedido que se lo dedique a sus mujeres. Se los agradezco y los felicito siempre, porque eso es apoyar a su pareja. Siempre termino diciéndoles que lo lean ellos también.

Las personas que tenemos a nuestro alrededor son vitales para realizar ese viaje hacia al éxito. De hecho, hay quien dice que nuestro éxito es un promedio de las 6 personas que tenemos cerca.

Una vez, un niño de 14 años le pidió al magnate de los negocios Warren Buffet que le diera un consejo para ser exitoso: "Es mejor que andes siempre con gente que sea mejor que tú", le respondió Buffet. "Elige compañeros que tengan un mejor comportamiento que el tuyo y que te lleven a ti en esa misma dirección".

En mi caso, no hay una sola persona que me rodee que no me inspire.

He aprendido a buscar inspiración indagando. Los que me conocen bien saben que soy muy preguntona. Quiero saberlo todo, entender todos los *porqués*. Y como me he convertido en una vigilante del éxito, todo el que tenga cerca corre el peligro de que yo lo entreviste.

De esa manera aprendo, comparo y aplico.

Observo, por ejemplo, que la gente buena admira el momento estelar cuando alguien lo está viviendo, pero, por lo general, le parece algo difícil de lograr.

Cuando, como jefa, le doy la oportunidad de seguir creciendo a alguien que trabaja conmigo, noto una alegría general de parte del resto del grupo. Estoy convencida de que cuando uno se alegra por el bien de los demás, recibe más bendiciones. Es ley de vida. Por eso me da tristeza cuando aparece el inseguro que se siente amenazado y te pide cita para "estar claro de cuál es mi posición de ahora en adelante".

Si la gente supiera que un jefe valora y valida mucho más a un empleado si entra a su oficina a marcar su propio territorio y no a traslucir el miedo de que el otro le robe su puesto.

Cuando uno sabe lo que está haciendo, y sabe que lo está haciendo bien, nunca debe temer por la competencia. Esa competencia lo que tiene que lograr en tu vida profesional es servirte de combustible para que te impulses como un cohete y sigas creciendo.

Para que presentes más ideas.

Para que te atrevas.

Para que dejes de pensar que si sales a vender tu idea, a contar tu historia, a luchar por tu sueño, vas a lucir arrogante.

Luchar por lo que quieres no es del ego.

Es del alma.

Todo esto lo dejo muy claro porque todos estos impulsos son los que anteceden a ese momento estelar que quiero que vivas, y que fue la razón por la que escribí este libro.

Porque tú te lo mereces.

No para que preguntes dónde comienza y termina tu territorio.

No te pongas límites, porque quizás en esos cinco minutos más allá o en esa milla más a la derecha es que encontrarás ese momento estelar que cambiará tu vida.


## Esa frase que puede causar el desvío hacia eso que tanto has esperado

Cada día estoy más segura de que el destino es un camino lleno de señales en el que el universo coloca personas claves para que nos ayuden a irlas reconociendo.

En algunos casos no les hacemos caso a esas personas y desaparecen con todo y señal.

Y con ellas, se esfuma también la posibilidad de un cambio.

En una frase más clara: desaparece la posibilidad de un sueño cumplido. De un momento estelar.

Otras veces, esas personas se convierten en nuestras antenas y se encargan de mandar la señal que cambiará nuestro destino.

Una vez, mi compañero de trabajo Víctor Santiago, productor

general de *Despierta América,* y yo tuvimos una reunión de esas que ocurren todos los meses y en la que se repasan resultados.

Esa vez, sin embargo, decidí romper la monotonía y preguntarle a John, un analista muy inteligente, jovencito y tímido, cuál era su gran sueño: "Quiero estudiar cine", me contestó entre dientes y seguramente sorprendido por mi pregunta tan fuera de lugar. Víctor, que lo escuchaba en silencio, le dijo cuando terminó la reunión: "Pasa por mi oficina. Tengo una revista que tiene las mejores escuelas para estudiar cine".

Yo nunca supe si John pasó por la oficina de Víctor y, a decir verdad, no le di mayor importancia a la revista.

Meses después, cuando volvimos a tener la reunión con John, él no comenzó ofreciendo resultados basados en sus análisis. Esta vez el gran resultado era el que había logrado esa revista que le había dado Víctor: "Vengo a decirles que me mudo a Carolina del Norte", nos dijo muy feliz. "Desde que Víctor me dio esa revista, la puse en mi escritorio y no podía dejar de mirarla. Me voy a estudiar cine".

Víctor, sin sospecharlo, se convirtió en la antena que le mandó la señal a John.

Y así, un día en el que el valor aplastó al miedo, John le dio un giro al timón de su vida y se desvió por el camino que lo condujo a cumplir su gran sueño.

Aquel momento en que Víctor le dio la revista a John, se convirtió en el desvío que estoy segura lo llevará a vivir su momento estelar. Esto te lo cuento por dos cosas. Una, para que nunca dejemos de decir esa frase o de dar ese consejo que alguien necesita. Esa puede ser la diferencia entre el antes y el después de esa persona. Y la otra, si John no hubiera tenido el valor de tomar acción y mudarse, nunca hubiera podido acercarse a su sueño. Y es que ¿cuántas veces el universo nos manda los emisarios con los mensajes y simplemente les pasamos de largo?

No era el momento, dirán los que creen en el destino.

A mí, siempre me quedará la duda.

## A quien pueda interesar: el creador de Facebook se equivocó

Cuando Facebook cumplió 14 años, su creador Mark Zuckerberg escribió en su página algo que me gustó mucho:

> Yo tenía 19 años cuando empecé Facebook, y no sabía nada sobre cómo construir una compañía o un servicio global de internet. A través de los años he cometido todos los errores que usted se pueda imaginar. He cometido docenas de errores técnicos y malos negocios. He confiado en la gente equivocada y he puesto a personas talentosas a cumplir roles equivocados... La razón por la que nuestra comunidad existe hoy es porque no hemos evitado esos errores. Es porque creemos que lo que hacemos importa lo suficiente para tratar de resolver los grandes retos que tenemos, sabiendo que nos equivocaremos de nuevo, pero esa es la única manera de progresar.

Leer esto le da a uno un fresquito en el alma, sobre todo teniendo en cuenta que quien lo escribe es alguien cuyo imperio vale más de 60 mil millones de dólares. Y algo más, que creó esta red cuando tenía apenas 19 años, en su dormitorio de estudiante de Harvard.

En un mes, la mitad de los estudiantes ya estaban conectados y la red se había extendido a Yale, Columbia y Stanford.

## ¿Cómo se cambian los "porque no" por los "porque sí"?

Dicen que ese preciso momento en el que quieres renunciar al sueño es el momento en que puede estar desarrollándose ese milagro que te hará lograrlo. Justamente eso le pasó a Einstein. Cuando estaba a punto de darse por vencido, le llegaban las ideas. Y su consejo no puede ser mejor: "Nunca te des por vencido. Es más poderosa una persona llena de grandes sueños que una persona con todos los datos".

Yo estoy convencida de que no se viven más momentos estelares en el mundo por una sola razón: porque la gente renuncia antes de tiempo.

Porque no madrugan.

Porque no trasnochan.

Porque no investigan.

Porque no se preparan.

Porque no lo intentan.

Porque preferimos ser parte de la audiencia que aplaude o critica, en vez de ser el aplaudido o el criticado.

Porque la cabeza se llena de miles de razones "por las que no", cuando cuesta lo mismo programar el cerebro para que nos dicte los "porque sí". Ahí es cuando se necesitan todas las fuerzas para seguir dándole con todas las ganas. Pero, sin temor a equivocarme, puedo decir que es entonces cuando el gran porcentaje se da por vencido y deja de intentarlo.

## Intentarlo. Esa es la palabra

Sí: intentarlo una y otra vez. Esa es una de las fórmulas infalibles del GPS que te da las direcciones que conducen al momento estelar.

Milton Hershey, creador de los chocolates del mismo nombre, no tiene recuerdos dulces de sus comienzos. Trabajó en una imprenta y trató tres veces de montar una fábrica de dulces. En el último intento fue que tuvo éxito.

La primera empresa de Bill Gates no funcionó y, antes de Microsoft, el millonario de buen corazón conoció el fracaso en una empresa llamada Traf-O-Data.

La historia de la creadora de Harry Potter, uno de los libros más vendidos del mundo, la dejó bien clara cuando la invitaron a dar un discurso a los graduados de Harvard. Y lo primero que dijo fue que, debido al miedo de hablar en público, había sufrido de náuseas durante varias semanas, pero que gracias a eso había logrado bajar de peso. Eso la humanizó ante todos y nos demuestra que, a pesar de los millones que alguien pueda tener en el banco y el éxito mundial comprobado, el miedo sigue siendo una constante. ¿Qué hizo ella diferente? Pues, con todo el miedo y las náuseas, aceptó la invitación y ofreció un maravilloso discurso sobre la importancia del fracaso.

> Yo estaba convencida de que lo único que quería hacer era escribir novelas. Sin embargo, mis padres, quienes tenían pasados muy pobres y no habían ido a la universidad, entendieron que mi activa imaginación nunca podría pagar una hipoteca o asegurarme una pensión. Y sé que hoy en día eso suena muy irónico. Finalmente, todos hemos decidido lo que para nosotros significa el éxito, pero las palabras no son sufi-

cientes para darles un conjunto de criterios si fuera necesario. Así que creo que es justo decir que, de cualquier medida convencional, solo 7 años después del día de mi graduación, fracasé a una escala épica. Un excepcionalmente corto matrimonio explosionó, y yo estaba desempleada, madre soltera, y tan pobre como es posible serlo en la moderna Gran Bretaña, sin quedarse sin un hogar. Los temores que mis padres sentían por mí, y que yo tenía para mí misma, se convirtieron en realidad, y por todos los estándares usuales, yo era el mayor fracaso que conocía.

No voy a pararme aquí para decirles lo que es el éxito. Ese periodo de mi vida fue muy oscuro, y no tenía idea de que pasaría lo que la prensa llama ahora un "final de cuento de hadas". No tenía idea de qué tan extenso era el túnel, y durante mucho tiempo, cualquier luz al final de él era más una esperanza que una realidad.

Así que ¿por qué hablo acerca de los beneficios del fracaso? Simplemente porque el fracaso significa un camino hacia lo no esencial, me paré pretendiendo que era algo muy diferente a lo que era en realidad, y comencé a dirigir toda mi energía a terminar el trabajo que me interesaba. No triunfé realmente en nada más, pues nunca encontré la determinación de tener éxito en otro campo que fuera de mi interés. Era libre, pues mis más grandes miedos se habían materializado, y aún estaba con vida, y aún tenía una hija a la cual adoraba, y tenía una máquina de escribir y una gran idea. Y entonces la roca del suelo se convirtió en los fundamentos sobre los cuales reconstruí mi vida.

Tal vez ustedes nunca fracasen a la escala que yo lo hice, pero algunas fallas en la vida son inevitables. Es imposible vivir sin fallar en ocasiones, a menos que vivas tan cautelosamente que no estás viviendo en realidad, en cuyo caso, fallas por defecto.

El fracaso me dio una seguridad interior que nunca experimenté al pasar los exámenes. El fracaso me enseñó cosas acerca de mí misma que no hubiese podido aprender de otra manera. Descubrí que tengo una fuerte voluntad, y más disciplina de la que esperaba. Y también descubrí que tenía amigos cuyo valor es mucho más alto que el de los rubíes.

La noción de que has surgido más sabia y más fuerte desde el fondo significa que estás, para siempre, segura de tus habilidades de sobrevivir. Nunca te conocerás verdaderamente, ni las fortalezas de tus relaciones, hasta que ambas sean puestas a prueba ante la adversidad. Ese conocimiento es un verdadero regalo, por todo lo que se ha ganado con esfuerzo, y que vale más que cualquier calificación alguna vez obtenida".*

## Del momento horrible al momento estelar

Fue en un tren que tenía un retraso de 4 horas, en Manchester, en 1990, que a J. K. Rowling se le ocurrió la idea de Harry Potter. Tres años después, víctima de violencia doméstica, con pensamientos suicidas, y bajo una depresión, se definió a sí misma como una fracasada. En 1995 decidió buscar un agente que ofreciera Harry Potter. Doce editoriales se lo rechazaron en el primer año. En 1996 una pequeña editorial de Londres dijo que sí y le dio un adelanto

---

* Este discurso lo podrás ver completo en YouTube.

de 1509 libras. En 1997, siete años después, el libro fue publicado. En el 2004 J. K. Rowling se convirtió, según la revista *Forbes*, en la primera autora en volverse millonaria gracias a su obra.

En ese instante comenzó su momento estelar.

Esta historia es una de mis favoritas porque resume todo lo que puede vivir una persona antes de vivir su momento estelar. Rowling no solo tenía todo en contra, sino que nunca renunció a su idea de ser escritora. Y en ese tren retrasado, quizás con la preocupación del tiempo perdido, fue que su imaginación creó la gran idea.

Así que la próxima vez que te sientas agobiado, que pienses que todo está perdido, que creas que no sirves para nada y que, de contra, tengas 4 horas de atraso, recuerda cómo nació Harry Potter, la serie de libros más vendida del mundo (más de 500 millones de ejemplares), llevada al cine y traducida a 8 idiomas.

## Lee esto solo si alguna vez has pensado en renunciar a tu gran sueño

De todos los capítulos de este libro, creo que es este el que estoy escribiendo con más fuerza. Porque quiero que así mismo te llegue a ti. Que mientras lo leas se te atraviese en el alma. Que entiendas que no puedes quedarte ahí paralizado y muerto de las ganas.

Cuando lo titulé "El arte de hacer de tripas corazón" es porque conozco muy bien los estragos que puede dejar un sueño sin cumplir. Yo, que vivo en Estados Unidos, reconozco la lucha diaria de los inmigrantes.

El dolor de dejar a su familia lejos, de navegar en mares (o ríos) desconocidos en medio de todo lo que no es propio. Y si esa tristeza se vive arropada con la angustia de ser indocumentado y la zozobra constante de que te descubran, es normal que el sueño quede doblado y escondido en un rincón oscuro. Y que a veces, cuando lo ves ahí tirado, te den ganas de volver a desdoblarlo y de salir a torear la vida envuelto en él...

Pero el miedo, que disfruta matar sueños, a veces gana la batalla.

Mi trabajo como productora de televisión hace que viva muy de cerca ese drama. Que entienda la tristeza de una familia separada por la deportación. Una de mis heroínas se llama Sarahi Espinoza, y yo le digo: Mi amiga, la soñadora. A Sarahi la conocí por televisión. Fue parte de las noticias de *Despierta América* porque creó DREAMer's Roadmap, una aplicación gratuita que ayuda a los inmigrantes indocumentados a encontrar recursos para estudiar en Estados Unidos.

Sarahi pudo crear la aplicación porque fue la ganadora de la competencia Voto Latino Innovators Challenge y recibió 100 mil dólares como premio. La Casa Blanca la tiene en sus archivos digitales como una Campeona del cambio. Forbes la colocó en su lista de 30 menores de 30.

Se ganó el premio Hispanicize Impacto Positivo en el 2016, y en la edición del 2017 de los Premios Juventud, cuyo tema ese año era "Apostando por el Futuro", fue premiada como agente de cambio. Así recuerda ella su historia cuando le pedí que fuera parte de este libro:

Me enteré del concurso a través de mi amigo Tiq, de Stanford, que sabía que yo ya estaba trabajando en un proyecto que ayudaba a estudiantes de bajos recursos e indocumentados a encontrar becas para ir a la universidad. Al iniciar Sarahi.tv no pensaba ganar dinero, era solo un *hobby* para informar a los estudiantes de las oportunidades que existían para personas como ellos. Sarahi.tv era un blog con la visión de entrevistar a personas exitosas con las que mis usuarios se podrían identificar, pero nunca llegamos a esa etapa, y se mantuvo siendo un blog informativo, hasta que empecé el proceso del concurso de Voto Latino Innovators Challenge. En esta competencia nació la idea de crear una aplicación móvil llamada DREAMer's Roadmap, en la cual pudiéramos alcanzar a la mayoría de estudiantes nacionalmente y dejarles saber que, si ellos quisiesen ir a la universidad, el dinero no tenía que ser un impedimento. Que fue lo que me pasó a mí. Crear una aplicación era lógico, ya que todos tienen un teléfono inteligente. Y en vez de enfocarme solamente en California, decidí ayudar a los estudiantes de todos los Estados Unidos.

## Cruzando la frontera para encontrarse con el éxito

Desde que yo escuché a Sarahi contando su historia, se metió en mi corazón y empezó a crecer mi admiración por ella. Su historia es inspiradora:

Soy la menor de 11 hijos que tuvo mi mamá, y la primera en graduarme de la secundaria en los Estados Unidos, y la primera también en tener el sueño de ir a la universidad. Llegué a este país cuando tenía cuatro añitos y aún recuerdo la cruzada por el desierto. Mi mamá me cargaba un rato y mi papá, otro. Y otras veces, hombres desconocidos, porque mis padres ya iban muy cansados y yo no podía caminar al ritmo de los mayores. Al cruzar a Arizona, recuerdo que nos escondieron a mi familia y a mí detrás de unos arbustos. Estaba haciendo muchísimo calor y teníamos mucha hambre y sed. Un hombre llegó con una bolsa con quesadillas y un litro de agua. No sé si estaba alucinando, pero yo vi que era un litro de Coca-Cola y me alegré bastante. Pero no era Coca-Cola, era agua, y recuerdo mi decepción cuando me di cuenta, pero a la vez estaba tan agradecida de que fuera agua...

Nunca pensé que yo fuera diferente a mis compañeros de clase, porque todos al entrar al kínder hablábamos español y aprendimos inglés al mismo tiempo. Pero todo cambió para mí en el ultimo año de secundaria. Ese año debería de haber estado lleno de felicidad y nuevas aventuras mientras nos preparábamos para ir a la universidad. Ese año decidí involucrarme en todo lo más posible para tener una aplicación universitaria de las mejores: me nombraron vicepresidenta del *student body*, presidenta de mi colegio, editora del *yearbook*, y fui la protagonista del musical *Bye Bye Birdie*, entre otros, en mi clase de teatro. Siempre me encantó el teatro porque ahí, y solo ahí, tenía una vida perfecta y dejaba todos mis pesares en la puerta. Siempre mantuve buenos grados y daba clases a los niños de mi iglesia desde los 13 años. Yo pensé: "lo tengo todo, ya estoy más que lista para la universidad". Cuando quise aplicar para FAFSA (asistencia financiera del gobierno para estudiantes universitarios de bajos recursos), me di cuenta de que me faltaba algo muy importante: un número de seguro social. No lo tenía porque no había legalizado mi estatus migratorio en Estados Unidos. Esta noticia me cayó como un balde de agua fría porque sentí que todo el esfuerzo que había hecho hasta ese momento no había valido la pena. ¿Cómo iba yo a pagar mis estudios? Mi mamá había regresado a México cuando cumplí 16 años y tenía que haber vuelto a los Estados Unidos seis meses después, y eso nunca sucedió.

Me reuní con mi consejera académica, con esperanzas de que ella supiera de alguna manera en la cual yo podría pagar mis estudios universitarios sin importar mi estatus migratorio, pero no fue así. Sentí que el mundo se me vino encima.

El día de su graduación, fue uno de los días más difíciles de la vida de Sarahi. La mayoría de sus compañeros iban a las universidades de sus sueños y los sueños de esta *dreamer* se terminaban al cruzar el escenario.

Sentí mucho dolor porque pensé que no solo estaba fallándome a mí misma, sino que también le había fallado a mi mamá. Ella que sacrificó todo, que dejó todo y aguantó todo por mí. No le deseo este sentimiento a nadie. Lo único bueno que recuerdo de ese día tan doloroso fue un pensamiento interno que tuve: "No sé cómo y no sé cuándo, pero este problema lo tengo que solucionar algún día".

Después de graduarme, empecé a hacer mis propias investigaciones para ver si en verdad no había ninguna ayuda para estudiantes como yo (que después me enteré que nos llamaban *DREAMERS*, soñadores). Una hermana de mi iglesia fue la que por fin iluminó mi búsqueda y me refirió con su hijo, que era consejero en un colegio comunitario. La luz regresó a mis ojos y empecé a hablar de mis sueños con todos: conocidos y extraños, con Dios, con animales y plantas...

Una de esas personas que me escuchó fue Jesse Urrutia, que estaba en el parque con su hijo y le empecé a contar todas mis ideas locas y mis sueños. Este hombre (que para mí es un ángel que Dios puso en mi camino), me tomó bajo su ala sin conocerme. Él vio la luz de esperanza en mis ojos y el deseo de poder ayudar a otros. Ahora que sabía que sí había ayuda para los *dreamers*, le quería gritar a los cuatro vientos: "SÍ PUEDEN IR A LA UNIVERSIDAD SIN IMPORTAR SU ESTATUS MIGRATORIO, ¡SÍ PUEDEN!". Literalmente quería gritarle esto al mundo, porque no quería que ningún otro *dreamer* sintiera lo que yo sentí cuando me gradué. Jesse me puso en contacto con la persona que creó la página web para su empresa y de ahí nació Sarahi.tv, que después evolucionó a DREAMer's Roadmap, y ahora estamos ayudando a cerca de 20 000 *dreamers* a hacer realidad sus sueños de ir a la universidad.

Aquella niñita que cruzó la frontera de México a Estados Unidos a los 4 años ahora es una señora casada, mamá de una niña y una profesional que estudió Ciencias Políticas y Comunicación y le sirve de mentora a *dreamers* que, como ella, saben que estudiar es el puente hacia el éxito.

Sarahi y yo nos hicimos amigas por redes sociales y por *email*. La de 26 (ella) se convirtió en constante inspiración para la de 52 (yo). Y aunque su momento estelar lo vive cada vez que ayuda a alguien, nunca olvida aquella gran noche en que ganó el concurso:

Voto Latino tenía una gran celebración festejando su décimo aniversario y ese mismo día anunciaron a los ganadores del concurso. Había muchas personas importantes en aquel salón inmenso y elegante: políticos, celebridades y gente con mucho poder. Mis compañeros y yo nos sentíamos como estrellas: todo el mundo tomándonos fotos y haciéndonos entrevistas.

Por fin había llegado la hora de anunciar a los ganadores. Rosario Dawson, America Ferrera, Wilmer Valderrama, Connie, Aniel, David y María Teresa Kumar subieron al escenario. Uno por uno fueron nombrando a los ganadores. Le tocaba a Wilmer anunciar al siguiente ganador, pero antes de decir el nombre dijo: "no tengo que decir esto, pero este proyecto personalmente fue mi favorito porque…", y Rosario quiso decir algo también, pero los apresuraron a decir el nombre. Yo estaba sentada con la mamá de Rosario. Cerré los ojos y empecé a hacer una oración cuando escuché mi nombre: "Sarahi Espinoza Salamanca, con DREAMer's Roadmap". Me paralicé por unos segundos, escuché aplausos y gente gritando mi nombre… La mamá de Rosario me sacudió y dijo: "Sarahi, ¡ganaste!".

Con una sonrisa de oreja a oreja fui hacia el escenario, aún sin creer que había ganado y que los jueces habían dicho cosas tan lindas de mi proyecto. Agradecí a los jueces y di un discurso, pero no recuerdo muy bien mis palabras, lo que sí recuerdo es que la gente no paraba de aplaudir y, a lo lejos, escuché a mi mentora Alida gritar: "Esa es mi *mentee*", y en ese momento me sentí en casa, a pesar de que casi no conocía a mucha gente. Al día siguiente me di cuenta de que había ganado el primer lugar en la competencia y que regresaría a casa con $100 000 para hacer mi sueño realidad".

Después de escucharla contar su historia, quise indagar un poco más sobre el éxito de Sarahi:

**¿Qué haces para mantenerte inspirada cuando se te acaban las fuerzas?**

Oro a Dios para que me dé fuerza, sabiduría y paciencia para entender sus planes para mi vida. Después me gusta buscar los correos electrónicos y mensajes que me han mandado padres y estudiantes que usan DREAMer's Roadmap y ver el impacto positivo que mi *app* ha tenido en sus vidas. Por ejemplo: "Literalmente estoy llorando porque descubrí tu aplicación y me da la esperanza de continuar estudiando. Eres un gran ejemplo a seguir. Soy una estudiante que desconocía las becas que teníamos disponibles y estoy muy agradecida en este momento. ¡Gracias, gracias, gracias!". Esto me lo escribió una joven *dreamer* que tuve el gusto de conocer después, y fue una reunión muy emotiva para las dos. Momentos como ese son los que me dan fuerza y esperanza para seguir luchando por mi sueño, porque ellos y las generaciones después de ellos, me necesitan. Saber que mi trabajo en verdad está cambiando las vidas de estos estudiantes y las vidas de sus familias, es la recompensa más grande.

**¿Qué es para Sarahi un momento estelar?**

Conocer a personas a las que les he cambiado la vida a través de mi trabajo. Es despertarme cada día y saber que estoy cambiando y salvando las vidas de estos muchachos que por mucho tiempo eran casos olvidados. Saber que ahora yo soy ese apoyo que me hubiera gustado haber tenido cuando me gradué de la secundaria. Es escuchar música y bailar toda la noche hasta que mis pies ya no aguanten. Es construir memorias lindas con mi esposo e hija.

El día que conocí a mi amiga, la soñadora, le di un gran abrazo y le agradecí por inspirarme con su perseverancia, su valor y su generosidad. Le pregunté qué hacía cuando sentía miedo. "Me pongo a orar", me respondió sin titubear. "Eso me lo enseñó siempre mi mamá".

Y volví a confirmarlo: La fe se encuentra en el mismo lugar donde perdemos el miedo. Y ahí mismo encontramos el valor para salir corriendo a hacer realidad nuestro gran sueño, tal como lo hizo Sarahi.

## El combustible para aguantar

Mientras que en los primeros años de nuestra vida nos aplauden por todo lo que "ya podemos hacer solitos", a medida que vamos creciendo entendemos que solitos no vamos a llegar muy lejos.

¿Te has puesto a pensar cuántas ideas millonarias se te habrán quedado escondidas en la pantalla de tu computadora por miedo a mandar ese *email* ofreciéndolas?

Quizás la historia se esté perdiendo un gran invento por tu falta de fe en ti mismo y en lo que puedes lograr.

Para vivir un momento estelar hay que pedir ayuda. Hay que unir fuerzas. Y hay que mantener el alma sana para las batallas que tendrás que librar.

En mi caso, mi familia ha sido vital. Tener un esposo que entienda que tengo un trabajo que requiere atención constante ha hecho todo más fácil. Y si a eso le agrego que, además, me da espacio para escribir, el hombre se merece mi amor eterno. Todo eso lo contrarrestamos con tiempo de calidad en familia. Tiempo para nosotros. Nuestras vacaciones, por ejemplo, son sagradas. Las organizamos entre todos y tenemos mérito, porque sobrevivir un paseo con un sesentón que se niega a viajar con *carry-on,* "porque no hay paseo bueno arrastrando maletas", una *millennial* que se cree que se las sabe todas, y una abuelita que decidió hace tiempo caminar despacio, "porque los viejos que se caen se mueren", no es tarea fácil.

Yo sé que hay circunstancias que no permiten ciertos lujos, pero un paseo a la playa, la montaña, o a un parque junto a la familia, nutre el alma y no cuesta.

Solo hay que hacer que suceda.

A mi alrededor siempre tengo gente que me inspira. En mi red de vitaminas para el alma no faltan los textos de mis amigos inyectándome ganas o dándome fuerzas. Tú escoges a esas personas que te servirán de soporte en los momentos difíciles y que te aplaudirán en los momentos de gloria recordándote que el esfuerzo valió la pena.

Hace mucho tiempo decidí que lo más valioso que tengo es el tiempo, y no lo pierdo. Lo invierto en lo que me gusta y con quien me gusta.

En los momentos más difíciles, cuando pienso que todo se puede perder, no me falta la fe. Mi amiga Conchi Alfonso es mi consejera espiritual. La sabiduría que tiene de la vida permite que siempre tenga la frase perfecta para mantener en buen estado las turbinas de mi fe.

Y el sentido del humor es vital. Nunca lo pierdas. Alguna vez le oí decir a uno de mis jefes que en los velorios es cuando se producen los mejores chistes. En los peores momentos, en esos que uno cree que no hay salida, que todo está perdido, es cuando tenemos que ver el lado divertido de las cosas.

Mis compañeros de trabajo en *Despierta América* son los campeones cuando se trata de ponerle al mal tiempo buena cara. No hay quien les gane. Su positivismo, sentido del humor, generosidad y forma de ver la vida los convierten en maestros de mi vida.

Por ejemplo, una vez, una de las productoras se molestó con un compañero porque le contestó mal. Enseguida, me pidió una cita para resolver el problema y dejar muy claro que no iba a permitir que esa persona siguiera respondiéndole de mala manera. El día que íbamos a tener la cita, la productora me pidió que la cancelara:

"Ya no es necesario", me dijo. "Me fui a casa meditando en qué me estaba enseñando esa situación y de pronto me di cuenta de que yo soy demasiado intolerante con mi propia madre. Y que esa persona que ahora era intolerante conmigo me está recordando cómo se debe sentir mi mamá cuando yo no le doy tregua".

Esa lección de vida que recibí de esta compañera de trabajo nunca se me olvidará. Sobre todo, porque tuvo la madurez de hablar con la persona con quien tenía el problema, resolverlo y sacar ganancia para su propia relación con su madre.

Ese día ella me reiteró que nada de lo que pasa en tu vida es un hecho aislado, por muy insignificante que parezca. Es por eso que cada una de esas experiencias que ahora estás viviendo se van a convertir en peldaños por los que poco a poco irás subiendo hasta llegar a crear tu gran proyecto.

# Coméntalo en las redes

"Porque la cabeza se llena de miles de razones 'por las que no', cuando cuesta lo mismo programar el cerebro para que nos dicte lo 'porque sí'".

"En los peores momentos, en esos que uno cree que no hay salida, que todo está perdido, es cuando tenemos que ver el lado divertido de las cosas".

"Hay un dicho conocido que resume lo que quiero decirte: 'la presión puede hacer estallar una tubería o pulir un diamante'. Tú decides si tu destino final es ser la tubería o el diamante".

"La próxima vez que te sientas agobiado, que pienses que todo está perdido, que creas que no sirves para nada y que, de contra, tengas 4 horas de atraso, recuerda cómo nació Harry Potter, la serie de libros más vendida del mundo".

"¿Cuántas veces el universo nos manda los emisarios con los mensajes y simplemente les pasamos de largo?".

"No te pongas límites, porque quizás en esos cinco minutos más allá o es en esa milla más a la derecha es que encontrarás ese momento estelar que cambiará tu vida".

"Tú tienes que encontrar ese motivo que va a vivir siempre en tu corazón y que te va a hacer caminar hacia adelante sin perder el enfoque que necesitas para ir avanzando. Con fuerza. Con ganas. Sin miedo. Sin pausa, hacia tu momento estelar".

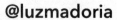
@luzmadoria

# 3

## TU GRAN

## proyecto

> "Si puedes soñarlo puedes hacerlo. Recuerda que todo esto empezó con un ratón".
>
> WALT DISNEY

Si yo te preguntara qué debes cambiar en tu vida para que tu vida cambie, ¿sabrías la respuesta?

Si la sabes, me pongo de pie para aplaudirte. Tienes la mitad del juego ganado. El problema que tenemos la mayoría de los seres humanos es que vamos por la vida añorando conseguir algo desesperadamente y, a veces, no lo conseguimos precisamente porque no cambiamos las circunstancias que nos rodean.

Al no cambiarlas, siempre obtendremos el mismo resultado una y otra vez.

Por lo general, las personas que no han podido hacer realidad su momento estelar comienzan a echarle la culpa, en medio del desespero, a todo lo que tienen a su alrededor.

"Es que toda mi vida me dediqué a mis hijos…"

"Si yo hubiera tenido el dinero…"

"Las cosas nunca se me dieron…"

"Era muy difícil que eso me pasara a mí…"

"La vida no es justa…"

"El dinero busca el dinero…"

"No era para mí…"

Y así podría seguir enumerándoles las excusas que he oído durante toda mi vida de la boca de esas personas que no han persistido.

Sigue este consejo: no te digas más mentiras.

Como dice Chicharito Hernández, imaginémonos cosas chingonas.

No te convenzas con los "no puedo" o los "después lo hago". Es verdad que mañana puede ser un gran día, pero también es cierto que no debes dejar para mañana lo que puedes hacer hoy. Y métete esto en la cabeza: tú obtienes solamente lo que crees que te mereces. Así que da un vistazo rápido a tu alrededor. Eso que forma tu realidad en este momento es lo que tú crees merecer. Y también es saludable que entiendas la diferencia entre cometer un error y fracasar.

El error es algo que no te salió bien y que te da la posibilidad de hacerlo de nuevo.

Un fracaso es darte por vencido.

La vida puede estar llena de errores, pero tú eres el único que permitirá que tengas o no un fracaso. El autor Jay Smith no lo puede explicar mejor: "Nada garantiza el éxito, pero nunca sabrás qué tan cerca estuviste de él, si te das por vencido".

Lo bueno del fracaso es que no es para siempre. Y lo malo del éxito es que no es para siempre.

## ¿Y por qué tú no?

Contesta esta pregunta con el corazón en la mano: ¿crees que algún día tú ocuparás la portada de la revista *Time* por ser el primero en algo? Por ejemplo: ¿te imaginas estar tú en esa lista de las 20 personas que son agentes de cambio en el mundo?

En mis conferencias hago el ejercicio de colocar una portada de *People* que anuncia a las 25 mujeres que están cambiando al mundo y les pido que levanten la mano las que creen que un día pueden ocupar esa portada. Yo diría que solo un 10 % se atreve a alzarla. Y eso me confirma que necesitamos creernos el propósito que tenemos. Mientras sigamos pensando que nos van a señalar con el dedo y que nos van a llamar arrogantes, nunca avanzaremos hasta ese momento estelar.

Hace unos días hablaba con una amiga mía que, a decir verdad, creo que tiene muchas historias que contar. Cuando le pregunté si no le interesaba escribir un libro, me miró aterrada y me dijo muy seria: "¿Y a quién le va a interesar un libro mío? Eso es arrogancia."

Si pensáramos más en el propósito y menos en el qué dirán, más sueños se harían realidad y viviríamos más momentos estelares.

## Lo que me enseñó Derbez: el universo se enamora de los corazones que insisten

Eugenio Derbez es una de mis personas favoritas. Lo conocí, seguramente igual que tú, por la televisión. Siempre me han encantado sus personajes. Y, sobre todo, he adorado, gozado y admirado su sentido del humor brillante y absurdo.

Como reportera de farándula que fui alguna vez, tuve que vigilar sus pasos, y recuerdo perfectamente sus programas exitosos (*Al derecho y al Derbez, La Familia P. Luche,* etc.) y sus romances con famosas. Era uno de esos personajes que siempre nos daba telita de donde cortar.

Una vez, mientras yo trabajaba en TeleFutura, terminamos almorzando, por casualidad, juntos en la misma mesa de la cafetería.

Me sorprendió su timidez y yo diría que hasta su seriedad. Fue amable, pero parecía introvertido y no se veía relajado. Tampoco se parecía a sus personajes. Siempre había oído que los genios eran así: tímidos, callados, pensativos...

No hablamos mucho.

Recuerdo que le pregunté si él escribía todos sus personajes y me contó que, además de escribir él, contaba con un grupo de escritores que lo apoyaban. Él era en ese momento la estrella que más hacía reír a México.

Estaba viviendo su momento estelar.

En el 2014 leí que Eugenio lo dejaba todo en México para venirse a vivir a los Estados Unidos. Me sorprendió mucho.

"Los exitosos no abandonan el éxito", pensé.

Me equivoqué.

Cuando hay sueños más grandes que el que uno ya cumplió, la pasión y el deseo son mayores que ese ego que batalla por no dejarse de sumergir en las mieles del éxito. Y es que esa miel corre el peligro de volverse rancia. Ácida.

A Derbez no le importó.

Cuando era niño, un productor de Televisa —la empresa donde su madre, la gran Silvia Derbez, fue una primera actriz— le dijo que él no sabía actuar y no le dio ni siquiera la oportunidad de hacer *casting*. Aunque esa decisión del productor le arrancó a pedazos sus ilusiones, Eugenio no se dio por vencido. De hecho, se sentaba a ver la entrega de los premios Óscar con su mamá y le decía que algún día él estaría allí rodeado de estrellas. Él estaría en esa entrega de los Óscar.

Soñó más de 50 años con ese momento.

Hasta que lo vivió.

Por eso, cuando lo vi aparecer en ese imponente escenario de los Óscar en el 2018, presentando la canción "Recuérdame", de *Coco*, esa maravillosa película de Disney, se me erizó la piel y pensé en su mamá, feliz y orgullosa aplaudiéndolo desde el cielo.

Pero para que Eugenio se parara allí y, además de su madre desde el cielo, lo aplaudieran las estrellas que más brillan en la tierra, tuvieron que pasar muchas cosas.

Cuando empacó maletas y se vino a Estados Unidos lo llamaron loco. Su contador le aconsejó que no se fuera. Era difícil de entender cómo un ídolo, con tres décadas de carrera, lo abandonaba todo. En ese momento en que uno precisamente pensaba que lo había conseguido todo, Eugenio Derbez decidió apostarle a su sueño y empezar de cero.

De nuevo. En un país donde no sabían quién era.

Y aunque él dice hoy que le hubiera gustado llegar a Hollywood más joven, Hollywood se encargó de rejuvenecerlo cuando le cumplió su sueño.

Pero tengo que contarte cómo fue que Eugenio y yo nos volvimos a encontrar antes de que viviera su gloria en los Estados Unidos.

Nos volvimos a ver en *Despierta América* a causa de una película. Ya él había hecho *La misma luna* con Kate del Castillo y, antes de eso, había trabajado en pequeños papeles, había llevado sus *Latinologues* a Broadway y, además, había actuado en la serie *Rob,* gracias a que la niñera del productor le dijo que Derbez era un ídolo en español. (Moraleja: nadie sabe quién lo va a recomendar a uno). Pero esta vez la cosa prometía en grande.

La película se llamaba *Instructions not included*, y *Despierta América* sería el *show* donde Eugenio pasaría la semana previa al lanzamiento para promoverla.

Recuerdo que nos enviaron la película, la vimos y comenzamos a tener conferencias telefónicas con el propio Eugenio para crear segmentos divertidos de promoción.

Ahí nos hicimos amigos. Cómplices. Ahí sí conocí a Eugenio Derbez. Lo vi feliz. Ilusionado. Con toda la intención de cumplir su sueño americano. Colaborador. Brillante. Y HUMILDE. Así con mayúsculas. Nunca le recordé aquel almuerzo casual en Tele-Futura. Lo cierto era que aquella estrella estresada que conocí no tenía nada que ver con esta. Aquella no tenía la luz que esta irradiaba. Aquella, aunque brillaba más que ninguna otra en México, no parecía feliz.

Y mira lo que es la vida. Esta vez Eugenio venía solo con la ilusión de cumplir su gran sueño.

Esa semana que pasó en *Despierta América* nos enseñó a soñar en grande.

*Instruction not included* se convirtió en la película hispana más taquillera de la historia en Estados Unidos. Eugenio, en el hispano más influyente del cine.

Y estaba viviendo su momento estelar otra vez..., pero en Estados Unidos.

Y al ser grande, grande, se volvió mucho más humilde. Yo tengo el privilegio de llamarlo amigo y no hay una sola vez que no le escriba por WhatsApp que no me responda. El día que supe que presentaría los Óscar le pedí que nos contestara una llamada a las 6:45 de la mañana, hora de Los Ángeles, para que lo felicitáramos al aire.

Inmediatamente me dijo que sí.

Cada vez que viene a *Despierta América* se siente como en casa. Se divierte y nos sirve de relacionista público. Cuando vino con Salma Hayek a promover *Latin Lover*, le contó a Salma que nuestro equipo siempre lo apoyaba. Cuando vino con Jennifer Garner a promover *Miracles from Heaven*, nosotros le contamos a ella lo orgullosos que estábamos de él.

Eugenio está convencido de que la fuerza del universo nos va cumpliendo poco a poco nuestros sueños si trabajamos por ellos. Después *de Intructions not included,* que puso un antes y un después a su historia personal, todo ha sido gloria, y él no se lo pudo describir mejor a Renata González, quien lo entrevistó para la revista *Quién,* de México:

> Se estrena *No se aceptan devoluciones* y haz de cuenta que me metiera en un tornado del cual poco a poco voy saliendo. Continuamente lo platicamos Alejandra (su esposa) y yo. Le digo que no entiendo cómo llegué aquí. Siento como si se tratara de alguien que no fuera yo, como si hubiera renacido en otro cuerpo, porque todo me cambió: país, idioma, oficina, casa y hasta familia. En México tenía hijos de 20 años y de repente llego a otro país con una hija recién nacida, Aitana. Fue de repente renacer en otro país, en otro cuerpo, en otra carrera totalmente distinta a lo que había hecho antes.

En esa misma entrevista, Eugenio dijo algo que me dejó pensando. Que tal vez si no se hubiera mudado a USA (a lo que yo le agrego *si no hubiese tenido el valor de mudarse a USA*), estaría haciendo la temporada número 25 de *La Familia P. Luche.* Y seguramente seguiría siendo aquel Derbez triunfador de México, pero se hubiera perdido la posibilidad de disfrutar la gloria de saborear este gran momento estelar. Y sobre todo, de vivirlo a plenitud como lo está viviendo.

Eugenio le dijo, en una entrevista para el programa *Al Punto,* a Jorge Ramos que si a uno no le dan trabajo en Hollywood uno se lo tiene que inventar.

Yo solito me estoy dando trabajo. Solo el 3 por ciento de los papeles se los dan a los latinos. Llegas a USA y no eres nadie. Hasta vine con mi hoja de *ratings* y se reían. Nada de lo que haces en Latinoamérica es valido en este país. Tienes que empezar de cero. Poca gente sabía que justo antes de hacer *Instruction not included*, desistí. Me cansé. Me fui a México a filmar esa película en México y, fíjate, esa es la que me da el éxito en USA. Así es la vida. En el momento en que te aferras a algo, eso no te lo da, y cuando lo sueltas, la vida te lo regresa.

Mientras escribo este libro vuelvo a encontrarme con Eugenio para que me cuente cómo está viviendo su gran momento estelar. Y lo veo más feliz y enamorado que nunca de Ale, su mujer, y de su hija Aitana.

No quiero ir a fiestas ni a eventos, Luzma. Lo que más disfruto es estar en casa con mi familia. A veces miro todo lo que está pasando a mi alrededor y es como si le estuviera pasando a otra persona, no a mí. Creo que fue mi mamá quien me mandó todo esto. Ella sabía que mi sueño era hacer películas en Hollywood y a las dos semanas de su muerte comenzaron a llamarme de Hollywood.

Eugenio volvió a hacer historia con su película *Overboard*, la cual fue el estreno de Pantelion Films más visto en la historia y la comedia número uno de Estados Unidos el fin de semana de su estreno.

Cuando pensé quién debería escribir el prólogo de este libro no dudé en que fuera Eugenio Derbez. Sin duda, él ha vivido el momento estelar que nos debe servir de inspiración a todos: justo cuando estaba pensando en renunciar a su sueño y regresar a México. A pesar de que yo sabía que estaba más ocupado que nunca (finalizando la promoción de su exitosa película *Overboard*, comenzando a trabajar en la próxima película y con un viaje a Rusia para trabajar en el mundial de fútbol), decidí contarle por WhatsApp que mi sueño era que él escribiera el prólogo de este libro. Es tan grande y generoso, que solo me pidió una fecha límite. Le di tres semanas. Y justo una mañana en que amanecí en Florencia de vacaciones, me sorprendió con el prólogo. Cuando lo leí, recordé que yo veía con mi abuelita Mamá Tina, allá en Cartagena, las novelas de la gran Silvia Derbez, la mamá de Eugenio. Quién me iba a decir a mí que, 40 años después, Eugenio abriría este libro. (Mamá Tina debe estar muy orgullosa en el cielo).

Dos días después de que me enviara el prólogo, Eugenio fue aceptado como miembro de la Academia de los Óscar. Este hombre es tan grande como humilde.

Siempre tendré una deuda de gratitud contigo, Eugenio Derbez.

Que la historia de Eugenio te recuerde siempre que el universo se enamora de los corazones que insisten.

## Y tú... ¿para qué sirves?
## Los 10 consejos del creador de Uber

Una de las preguntas que más me hacen a mí es cómo descubre uno su propósito. De hecho, en *La mujer de mis sueños* le dediqué un buen espacio a entender cómo uno descubre para qué sirve.

Analiza esto. ¿Para qué te buscan? ¿Qué te dicen que haces mejor? ¿Cómo crees que te van a recordar cuando ya no estés? Todas esas respuestas te van a ir llevando a descubrir esa fortaleza, o fortalezas que te pueden ir encaminando a vivir tu momento estelar.

Hay muchas maneras de vivirlo. Ya sea a través de ese sueño cumplido o por ese sueño que ayudaste a cumplir... Tal vez por esa gran idea que te está dando vueltas en la cabeza desde hace tiempo y no te atreves a dar el primer paso para hacerla realidad. No te sientas orgulloso de las ideas que guardas celosamente. Siéntete orgulloso de las que hiciste realidad.

Una de las cosas que a mí más me apasiona es averiguar cómo fue ese momento exacto en que ese gran proyecto se volvió una realidad. Cómo se le ocurrió al creador de Uber, por ejemplo, inventar una alternativa a los taxis y crear una empresa millonaria sin tener que comprar un solo carro.

La cosa fue fácil y el momento nos ha pasado a todos. Fue en el 2008, para ser exactos. Travis Kalanick y Garret Camp estaban bajo una nevada en París y no podían conseguir un taxi. Entonces, se les ocurrió la necesidad de crear un botón en su teléfono por el que pudieran llamar a un auto.

Y así fue como se creó la *app* que revolucionó al mundo, los hizo billonarios y les dio trabajo a millones de personas.

Travis Kalanick lo ha explicado claramente.

A él lo mueve y le apasiona la necesidad de resolver problemas. De solucionarlos.

Nos invita a hacerlo constantemente cuando dice que, si cada ser humano tratara de resolver un problema del mundo, el mundo sería mejor. El quería contribuir a ese progreso. Y la verdad es que nadie puede negar que Uber ha mejorado el sistema de transporte.

Y aquí están sus 10 consejos valiosos para todo aquel empresario que quiera luchar por su idea.

1. Pon toda tu energía en lo que quieres construir. Si te tumban, levántate.

2. Miedo es la enfermedad. Trabajar muy duro es el antídoto.

3. Resuelve los problemas. No dejes nunca nada sin solucionar. Cada problema es una oportunidad para ser más creativo e innovador.

4. Está listo siempre para dar la pelea.

5. Cuando creamos Uber pensamos en darle al usuario tiempo, calma, alegría y ahorro. Eso para nosotros es magia.

6. Si crees en lo que haces, no te detengas. Pero si seguir significa hacerte daño mentalmente, piénsalo.

7. Fracasar es no poner todo lo que esté de tu parte para solucionar algo.

8. Cuando empujas más allá y nunca te relajas, siempre piensas que no has alcanzado lo suficiente. Eso hace que nunca sientas que lo lograste.

9. Enamórate de tu idea y sigue adelante. Va a ser difícil, pero el amor lo hará más fácil

10. Habla con el corazón sobre tu idea e inspirarás a todo el que te escuche.*

## La historia de dos tipos sin dinero, una cama inflable y un desayuno

Si Uber creó su cadena de transportes sin comprar un carro, Airbnb creó una cadena de alojamiento en el 2008 sin comprar un solo

---

* Compilación de Evan Carmichael para su canal de YouTube.

cuarto de hotel. Eso es lo que se llama innovación. Y en esta historia, los protagonistas también son dos amigos (Brian Chesky y Joe Gebbia) que no tenían dinero para pagar la renta. Al ver que en San Francisco había una gran demanda de habitaciones a causa de una feria de diseño que tenía a la ciudad repleta de gente, tuvieron una idea brillante.

Alquilarían camas inflables en su apartamento y lo anunciarían por un sitio que crearían en la web. Así nació Air Bed and Breakfast (cama de aire y desayuno: Airbnb).

Cuando hicieron las gestiones para poner el anuncio, se unió al proyecto Nathan Blecharczyk a ayudarles a crear el sitio web.

En aquel momento, nadie sabía quiénes eran ellos ni en qué consistía su idea. Entonces, aprovecharon las elecciones presidenciales de USA y crearon 1000 cajas de cereales con las caras de los candidatos Obama y McCain. Se las enviaron a los periodistas de todo el país y las pusieron a la venta por 40 dólares cada una en su portal de internet. Hicieron 30 mil dólares y la historia llegó a CNN, y el resto es eso mismo, una historia de éxito.

Hoy en día, con solo 3 clics (como les hubiera enseñado Steve Job) uno consigue alojamiento en un portal que ha creado una red de anfitriones que alquilan sus hogares por precios razonables.

He escuchado en videos en la red a Blecharczyk resumir así su momento estelar:

"El camino no es fácil. Tienes que ser astuto. Hay que pensar en soluciones innovadoras para problemas habituales".

Cuando uno escucha hablar a Brian Chesky, el CEO de Airbnb, sabe por qué triunfó. Con una gran elocuencia, impulsada por su pasión, cuenta que él y su amigo Joe sabían que iban a tener una idea que impactaría al mundo, aunque no supieran aún muy bien cómo.

Lo primero que aconseja es no tener vergüenza y conseguirse un mentor.

"La gente que no siente vergüenza al pedir un favor es la gente que aprende rápido y es exitosa. A nosotros tres no nos dio vergüenza pedir ayuda. Nos comunicamos con Mark Zuckerberg y Jeff Bezos, quien terminó invirtiendo. La mayoría de la gente es generosa y ayuda".

A Brian un consejo de un maestro le cambió la vida:

"Me dijo: 'Brian tú eres un diseñador. Todo lo que está alrededor tuyo fue diseñado por otra persona. Tú puedes rediseñar lo que hizo alguien más'. Creo que esa idea de que todo puede ser reestructurado es empoderadora. Todo lo que está a tu alrededor lo hizo alguien quizás con menos información de la que tú tienes ahora".

Durante el primer año, estos tres chicos sufrieron horriblemente, pero no se dieron por vencidos por una sola razón: porque creían en su idea.

Si hacemos un viaje rápido por los momentos en que nacieron las grandes ideas, siempre encontraremos algo en común. Se crearon por una necesidad.

Hallmark se creó cuando su dueño se dio cuenta de que la gente no escribía sus propias tarjetas y que él, que vendía postales, tenía que escribirlas.

Ruth Handlers un día vio jugar a su hija Barbara con muñequitas de papel y decidió crear una muñeca de plástico llamada *Barbie*.

En 1977, a Roy Raymond, estudiante de Negocios en Stanford, le daba mucha vergüenza comprarle ropa interior a su pareja. Así fue como, con un préstamo de 40 mil dólares, creó Victoria's Secret.

Los tenis que le dieron a Nike su momento estelar los creó Bill J. Bowerman cuando, buscando una suela más ligera y con mayor tracción, decidió derretir caucho en la waflera de su esposa.

Amazon se creó cuando un ingeniero electrónico llamado Jeff Bezos vio que internet estaba creciendo 2 300 % anualmente, y decidió crear la tienda de libros más grande del mundo. Esto, claro, con los primeros 300 mil dólares que le prestaron su mamá y su padrastro. Así se los contó el mismo Bezos, en mayo del 2010, a los graduados de Princeton, cuando lo invitaron a dar un magistral discurso que puedes ver en YouTube:

> Yo nunca había escuchado de algo que creciera tan rápido, y la idea de construir una librería con millones de títulos, algo que no puede existir en un mundo físico, me emocionaba bastante. Acababa de cumplir 30 años y llevaba un año de casado. Le dije a mi esposa que iba a renunciar a mi trabajo y que iba a hacer una locura que probablemente no iba a dar resultado. Mi esposa me apoyó. Ella quería que yo siguiera mi pasión.

En esa época, Bezos trabajaba en una firma financiera en Nueva York. Cuando fue a renunciarle a su jefe y a contarle la idea, este lo invitó a caminar por Central Park, lo escuchó con atención y le dijo que eso sonaba muy bien para alguien que no tuviera un buen trabajo. Le dio 48 horas para pensarlo.

> Fue una decisión difícil, pero decidí intentarlo. No pensé que me arrepentiría de tratar y fracasar. Y sospecho que siempre me hubiera espantado el hecho de no haber tomado esa decisión. Tomé el camino menos seguro para seguir mi pasión

y estoy muy orgulloso de mi decisión... Cuando ustedes tengan 80 años y vivan un momento silencioso donde se narren a sí mismos la versión más personal de su historia, lo más significativo será la serie de decisiones que tomaron. Al final, somos nuestras decisiones. Constrúyanse una buena historia. Gracias y buena suerte.

## ¿Por qué todos llegan menos tú?

Seguramente, mientras estás leyendo este capítulo te ha pasado lo mismo que he sentido yo haciendo la investigación para escribirlo. Me ha llenado de inspiración y de un deseo inmenso de atreverme a todo. De crear diferentes maneras de buscar soluciones. De innovar.

También puede ocurrir que tantas historias de personas exitosas que han vivido su momento estelar te hagan sentir presionado.

¿Por qué todos llegan menos tú?

Nuestra historia personal solo debe ser una competencia con nosotros mismos, no con nuestro alrededor. Las historias de éxito deben servirnos de inspiración, nunca deben sacar nuestras miserias: léase envidia, agobio, preocupación por no obtener resultados a la misma velocidad que otras personas.

Hay que desacomodarse para ver la vida desde un punto de vista diferente. Mientras no nos movamos del mismo lugar, veremos siempre todo de la misma manera.

Uno de mis libros favoritos es *The Universe Has Your Back*, de Gabrielle Bernstein. Ese libro me lo regaló Alina Villasante en una Navidad y se convirtió en el mejor amigo de *La mujer de mis sueños*, porque es de los que sirve para prepararte espiritualmente para tu gran proyecto. Recuerdo que lo empecé a leer en un vuelo de Miami a Nueva York y me brindó tanta paz que no despegué mis ojos de sus páginas ni siquiera durante el aterrizaje.

Gaby insiste en que, para ser exitosos, hay que entregarse a los milagros que el universo siempre tiene listos para nosotros. No hay duda de que los momentos difíciles que vivimos son dictados por el estrés, el miedo y la inseguridad. Y para solucionar eso, aconseja una sola cosa:

"Algunas veces tu sueño se convertirá en pesadilla porque te has desconectado del amor del universo. Cuando regresas a conectarte con la guía espiritual del universo, la pesadilla vuelve a convertirse en un sueño feliz."

¿Cómo se vuelve a conectar uno con el universo? Simple: purificando tu vida de malas energías mediante la oración y la meditación.

Haz la prueba y notarás la diferencia.

## Ese momento estelar que te asusta, pero te gusta

En la industria de la televisión es común ser testigos de los momentos estelares. Una actriz que triunfa con una película o una telenovela. Un cantante que pega una canción. Un periodista que obtiene una gran exclusiva.

En el 2017, Ilia Calderón, periodista de *Noticias Univision*, vivió un gran momento profesional cuando entrevistó a Chris Barker, líder del KKK, quien la insultó por el color de su piel frente a las cámaras de Univision y amenazó con quemarla viva. Lo primero que hizo Ilia cuando terminó la entrevista fue llamar a su esposo y a su hija.

"Después de hablar con mi hija y mi esposo, lloré. Y claro que me dio miedo estar allí", me contó Ilia. "Soy la primera persona de la raza negra que entra allí en 20 años. Pero tenía que hacerlo. Hay historias periodísticas que ameritan correr riesgos. Que no se pueden hacer desde un estudio de TV".

A Ilia Calderón hay que aplaudirla por valiente. Lo que ella hizo al enfrentarse a Barker fue poner en primera persona, y ante las cámaras de TV, la triste realidad que estamos viviendo.

Ella se metió en la boca del lobo.

Pedirle a Ilia que no lo hiciera sería como pedirle a *Time*, *New Yorker* y *The Economist* que no hubieran coincidido esa misma semana con sus portadas condenando el odio y el racismo en Estados Unidos.

"¿Usted me va a quemar? ¿Cómo lo va a hacer con 11 millones de inmigrantes?", le preguntó Ilia a Barker.

"Matamos 6 millones de judíos. 11 millones no es nada", le respondió.

Cuando felicité a Ilia públicamente por ser una periodista e inmigrante latinoamericana valiente, hubo quienes la criticaron por provocadora.

Y a esos que la criticaron les quiero decir algo: cuando alguien influyente como Ilia Calderón alza su voz, la está alzando también por todos nosotros.

Por ti y por mí.

Por todas las minorías.

Cuando Ilia se defendió ante el líder del KKK, nos estaba defendiendo a todos.

Siempre le tendremos que agradecer a Ilia que, aun con el miedo natural que produce estar sentada frente al odio, haya sacado su valor chocoano, ese de la costa pacífica de Colombia, para demostrarle al mundo la urgente necesidad de tolerancia.

Esa entrevista, a pesar del miedo y del odio, dos sentimientos tan negativos, tuvo un gran impacto positivo, porque tocó los corazones de muchos.

Cuando mi hija terminó de ver el video de la entrevista, me dijo: "Mami, esto no puede seguir pasando", y confirmé que hay que exponer la realidad, por muy cruda que sea, para construirle a ellos, a nuestros hijos, un futuro mejor.

Ilia vivió un momento estelar con esta entrevista. Si el miedo le hubiera ganado la batalla, se hubiera perdido de vivirlo. Meses después, a todos nos alegró la noticia de que fuera la propia Ilia quien reemplazara a María Elena Salinas, quien decidió renunciar a ser la conductora del *Noticiero Univision* junto a Jorge Ramos.

## ¿Por qué alguien se retira en su mejor momento?

El 8 de diciembre del 2017, María Elena Salinas presentó por última vez las noticias en el *Noticiero Univision*. Al terminar el noticiero, caminó hasta la sala de redacción al son de un mariachi que le cantaba "Cielito lindo" mientras ella, sonriendo, despedía su vida frente a las cámaras de Univision.

Las mismas cámaras a las que les tenía miedo hace 37 años y que luego se volvieron sus cómplices para que, de lunes a viernes, pudiera entrar a los hogares de los hispanos de USA cumpliendo su gran misión: empoderarlos con la información.

María Elena nos enseñó a los inmigrantes que los sueños se cumplen. Aquella chica que a los 14 años trabajaba cortando hilos en California, hija de una costurera y un exsacerdote, se convirtió en la primera dama de las noticias. Y aunque estudió mercadotecnia y quería ser bailarina y diseñadora, logró recibir 5 veces el Premio a la Trayectoria Periodística.

Días antes, María Elena había ido a *Despierta América* a despedirse. La noté emocionada, pero muy tranquila y, sobre todo, segura del paso que iba a dar aunque el resto no entendiéramos muy bien por qué se iba. Nos dijo que tenía muchos sueños por cumplir, que quería seguir aprendiendo y que nunca, nunca, dejaría de trabajar para su comunidad, que es exactamente lo que ha hecho durante más de tres décadas, sin detenerse a mirar la tremenda huella que estaba dejando en ella. Cuando le pregunté cómo ha logrado construir sus momentos estelares, me dijo:

Los momentos estelares son algo relativo. Lo que para algunos significa ser "estelar" puede ser, únicamente, el cumplir con tu meta de dar lo mejor de ti y resulta en un momento que sobresale o que es reconocido por los demás. Creo que siempre hay que tratar de lograr la excelencia en tu trabajo. Eso lo aprendí de mi madre, que siempre me decía que en la vida hay que tratar de ser la mejor. Ella era costurera, y era la mejor costurera porque amaba lo que hacía y sentía orgullo en cada prenda que confeccionaba. Yo amo mi profesión y por eso siempre he querido hacerlo a lo mejor de mis posibilidades. Además, el ser comunicadora conlleva una gran responsabilidad, porque lo que hagas y digas afecta a los demás, tiene el potencial de impactar a una persona o a toda la sociedad. No hay espacio para la mediocridad.

## ¿Y por qué ahora? versus ¿Y por qué no ahora?

La decisión de dejar de ser la conductora del *Noticiero Univision* no la tomó María Elena de la noche a la mañana. Y lo explicó muy claramente en una entrevista para la agencia de Noticias AP:

> Cuando uno toma una decisión drástica que te cambiará la vida, no lo hace de un día para el otro. Ni en una semana. Ni por un solo evento. Es algo que piensas durante meses. Desde hace muchos años quiero llevar mi carrera a otro nivel. Ser independiente. Yo siempre escribo los pros y los contras y esta vez hubo más pros. La gente me preguntaba: "¿por qué ahora?" Y yo siempre respondía: "¿por qué no ahora? cuántos años más tengo que esperar".

**¿Y cómo ha sido la vida de María Elena desde aquel día en que decidió cambiar de vida?**
De adaptación, llena de esperanza y un poco atareada. Estoy muy tranquila con mi decisión porque fue bien pensada y analizada. Pero como somos criaturas de la costumbre no es tan fácil cambiar una rutina de casi 37 años. Es toda una vida compartiendo con colegas que tienen la misma pasión por informar a nuestra comunidad y que se convierten casi en tu familia. Pero con la distancia no dejan de ser tu familia, como esos seres queridos a quienes no vemos todos los días, pero seguimos teniendo vínculos que nos unen. He estado mucho más ocupada de lo que me imaginaba. Esa etapa de descanso y reflexión no llegó tan rápido como pensaba. Pero me he dado cuenta de que así soy yo, intranquila, siempre

buscando proyectos que me llenen, buscando cómo utilizar mi voz para hacer una diferencia. He estado muy emocionada explorando y descubriendo ese mundo de posibilidades que hay para seguir creciendo y aportando. Quizás lo más importante es que he podido estar en control de mi tiempo.

### ¿Cuál es esa palabra o frase recurrente en tu vida?

No seas conformista y no te permitas ser mediocre. Yo creo que eso explica por qué siempre he sido tan perfeccionista y tan exigente conmigo misma y con los que trabajo. El no ser conformista me ha llevado a estar en un constante estado de crecimiento y aprendizaje a nivel personal y profesional.

### ¿Qué consejo das para todos los que hoy quieren tomar una decisión y no se atreven?

Hay que pensar en la alternativa y ver si podemos vivir con ella. Los cambios son buenos, pero también pueden ser complejos, y lo que nos frena es, casi siempre, el miedo. Nuestro mejor amigo es nuestro corazón: hay que seguirlo. Nuestro peor enemigo es el miedo: hay que ignorarlo. Como práctica, siempre que tengo que tomar una decisión importante, ya sea personal o profesional, voy a lo más elemental. Hago una lista de pros y contras. Si los pros superan a los contras me lanzo. La vida es muy corta para no vivirla al máximo y buscar nuestra tranquilidad y felicidad. Nos podemos equivocar y no pasa nada. Simplemente, buscamos una nueva ruta; al fin y al cabo, siempre hay opciones y posibilidades. Pero si no tomamos el paso, tenemos que vivir con la incertidumbre de lo que pudo haber sido y no fue.

Recuerdo que Karla Martínez le preguntó a María Elena cuál sería esa noticia que quisiera dar antes del 8 de diciembre, día de su retiro, y le contestó muy segura:

"Una reforma migratoria. Que se reconozca la contribución de los hispanos en Estados Unidos".

Mi amiga, la *dreamer* Sarahi Espinoza, de quien ya les hablé en este libro, la estaba escuchando mientras lloraba emocionada. Sarahi Espinoza, de 28 años, creadora de DREAMer's Roadmap, la aplicación que ayuda a los estudiantes indocumentados a conseguir becas para ir a la universidad, cumplió ese día su sueño de conocer a María Elena.

"Gracias por servirnos de ejemplo a tantas jóvenes", le dijo entre lágrimas. "Por abogar por nosotros los *dreamers*. Tú nunca olvidaste de dónde venías. Quiero ser como tú". María Elena, otra vez haciendo lo único que no le gusta hacer en televisión, la abrazó llorando agradecida.

La noche que se despidió de Univision, María Elena dijo una frase que resume su misión:

"El éxito es poder dejar una huella en la vida".

Y eso, María Elena Salinas lo logró. A mí, particularmente, siempre me inspiró su saber estar. Su profesionalismo. Ella no se imagina lo que hizo sentir a esta inmigrante colombiana, que no tenía otra referencia de conductora del *Noticiero Univision* que no fuera ella, cuando, en uno de los eventos de Poderosas de *People en Español,* me felicitó por escribir *La mujer de mis sueños* y me contó que lo tenía en su teléfono. Cuando le pregunté por qué se iba, me dijo:

"Voy a hacer lo mismo que dices tú en tu libro, Luzma. Me voy a ir a perseguir mis sueños".

## Los momentos estelares
## no tiene fecha de expiración

Dirás que a mí todo lo que tenga que ver con sueños me encanta. Yo voy más allá. Pienso que todo lo que tenga que ver con sueños llega al alma. Porque todos los seres humanos siempre guardamos uno… o muchos, en el alma.

Cuando salí de ver la película *Coco,* tenía ganas de abrazar a sus creadores y de darles las gracias por ese guion espectacularmente bien escrito y por un mensaje que debe quedarse grabado siempre en el corazón. La película cuenta la historia de un niño mexicano que soñaba con dedicarse a la música y su familia se lo impide por culpa de un músico que ya hubo en la familia que los hizo sufrir. El niño se transporta al mundo de los muertos y suceden tantas cosas hermosas, que uno sale de la película con más ganas que nunca de recordar a sus muertos y de luchar por sus sueños. La historia, producida por Pixar y distribuida por Disney, se llevó el Óscar a la mejor película animada del 2017. Y cuando uno analiza este momento estelar de sus creadores, entiende que en el proceso que se vive hacia un momento estelar hay que vivir cambios y atreverse a todo.

Lee Unkrich, su director, dio la idea para hacer esta película en el 2010. Y la idea original era la historia de un niño americano que iba a México a aprender sobre sus raíces. El equipo decidió darle la vuelta y hacerla alrededor de un niño mexicano. En el 2016 comenzaron a trabajar en la animación. Pixar contrató consultores culturales y, uno de ellos, Lalo Alcaraz, había sido incluso un duro crítico de Disney. Todo esto nos confirma que, a la hora de crear lo que soñamos, es valido utilizar todas las herramientas que se nos ocurran, por muy locas que parezcan. Y demorarse todo el tiempo que haga falta.

El codirector y escritor de la película, Adrián Molina, rescató sus raíces mexicanas y recordó que cuando sus padres se despidieron de él para ir al *college*, le dieron la bendición y le pidieron a Dios que le ayudara a cumplir sus sueños.

Seguramente, el día que Adrián recibió el Óscar, recordaron esa bendición y volvieron a dar gracias.

## Aquella mañana histórica que siempre soñé

A mí me tocó el privilegio de llegar a *Despierta América* cuando el programa cumplió 15 años. Me sentía un poco como la madrastra que acababa de llegar a la familia y le tocaba celebrar el cumpleaños de su hijastra sin todavía conocerla mucho.

Desde aquel aniversario maravilloso, que celebramos en Disney World, el equipo campeón que lo produjo me supo contagiar su orgullo por la trayectoria de *Despierta América* y la nostalgia por sus conductores originales.

No hubo un solo día de aquella preproducción que no trajeran a colación una anécdota, un gran recuerdo de esos 15 años. Y cada una de esas memorias estaban unidas a sus primeros conductores.

Víctor Santiago, productor general del programa, siempre me llevaba de la mano por el camino de los recuerdos, contándome todo lo que había sucedido durante esos años detrás de las cámaras. Eso alimentaba mi sueño de reunirlos en un programa en vivo.

Desde ese primer aniversario que celebramos juntos como equipo, me quedé con una espinita por dentro. Yo quería traer al *show* a sus conductores originales y reunirlos con los actuales, pero esas cosas no son muy comunes en la televisión hispana porque para hacerlo realidad había que coordinar con la competencia, ya que, para el

18 aniversario, dos de esos conductores, Ana María Canseco y Raúl González, pertenecían en ese momento a la cadena Telemundo.

Eso era casi una locura pensarlo.

Y a decir verdad, no me atreví a luchar por mi idea. Ni la mencioné.

Cuando llegaron los 20 años del *show*, en el 2017, la locura volvió a visitarme. Mientras más videos veía de los comienzos del programa, más ganas me daban de invitar a Neida Sandoval, Fernando Arau, Giselle Blondet, Rafael José, Ana María Canseco y Raúl González a la gran celebración.

*Despierta América* es el *show* número uno en español en las mañanas de Estados Unidos. Nunca, ni un solo día, ha sido superado en *ratings* por otro *show* en español. Hay empleados que están allí desde el primer día, cuando no había internet y las noticias no se sabían primero por las redes sociales.

Por todo eso, siempre diré que ser productora de *Despierta América* ha sido uno de los grandes privilegios y orgullos de mi vida. Y es que yo, antes de ser productora del programa, fui su televidente.

Yo vestía a mi hija para llevarla al kínder mientras veía *Despierta América* y ella se distraía con Cosita.

Yo me reía a carcajadas con Doña Meche y quería ser su amiga.

Admiraba la soltura y la comicidad de Giselle Blondet.

La frescura caribeña de Rafael José.

Ana María Canseco era casi como una prima a la que le contaría mis secretos.

Fernando Arau, como dirían en Cartagena, era el tío *recochero*.

Y Neida, la primera en informarme de lo más importante que había en las noticias.

Más aún. Recuerdo perfectamente cuando yo trabajaba en Editorial Televisa y me invitaron a un *meeting* para presentarme este nuevo *show* de la televisión hispana. Nunca pasó por mi mente que yo un día sería su productora y que viviría el honor profesional de celebrarle sus 20 años.

En diciembre del 2016, mientras hacía una presentación en PowerPoint de mis planes para *Despierta América* en el 2017, le dediqué una página a los 20 años del programa.

Y ahí escribí cómo sería el gran reencuentro de los conductores originales con los actuales. Busqué fotos de todos y empecé a verlo como algo posible.

En enero, mi jefe en ese momento, Adrián Santucho, me llamó a su oficina. Me autorizó a que celebráramos durante todo el año el aniversario de *Despierta América* y que el primer gran *show* lo hiciéramos en febrero.

"Yo quiero traer a los conductores originales", le dije.

"Me encanta. Sí, hazlo".

Fue el sí más rápido que he recibido en mi vida.

Adrián se encargó de pedir los permisos y, cuando solté la noticia en nuestro *meeting* de producción, mis productores no cabían en sí de la alegría. Enseguida comenzaron a llover las ideas. El resultado superó las expectativas. El gran día quedó enmarcado en la historia de la televisión hispana. Los conductores originales llegaron a la casa más feliz de la televisión hispana, de donde parecía que nunca se hubieran ido.

Como sé lo que cuesta hacer un programa como *Despierta América*, quise dedicarle esos 20 años a toda esa gente que lo creó y que permitió que 20 años después todos nosotros tuviéramos trabajo. Curiosamente, la primera productora que tuvo el *show*, Mari García Márquez, era en ese momento la productora de *Un nuevo día*, el *show* de la mañana de Telemundo.

Le escribí invitándola y, aunque no pudo asistir al gran día, sé que se debe sentir muy orgullosa de que algo que ella creó haya durado tanto tiempo al aire.

Traté de reunir a todas las personas que estuvieron ahí ese primer día.

Cuando por fin llegó el día del aniversario, todos estábamos muy felices. Los antiguos, por volver a ver a amigos que no veían hace tiempo. Los nuevos, por el orgullo de tener a los originales en casa. Pero, sin duda, los más felices y los grandes ganadores de todo esto fueron los televidentes.

En medio del *show* se apareció de sorpresa nuestro CEO Randy Falco, quien, al final, me ayudó a repartir los trofeos conmemorativos a cada uno de los invitados especiales y los felicitó personalmente.

Fue un día sin lugar a dudas inolvidable.

Pasó en un momento en que debemos estar más unidos, sin muros. Celebro que Telemundo y Univision hayan dicho que sí y les hayan regalado a los televidentes esta inolvidable e histórica reunión. Y, sobre todo, siempre celebraré el haberme atrevido a pedirle a mi jefe Adrián Santucho lo que yo quería que sucediera.

Siempre voy a recordar ese momento estelar de la televisión hispana como la gran muestra de que no hay imposibles.

La próxima vez que algo te parezca muy, muy difícil y prefieras ni siquiera intentarlo, acuérdate de que los imposibles no existen. El universo siempre se sale con la suya y nos sorprende.

Los sueños ya están listos, solo hay que salir a buscarlos.

# Coméntalo en las redes

"No te convenzas con los 'no puedo', o los 'después lo hago'. Es verdad que mañana puede ser un gran día, pero también es cierto que no debes dejar para mañana lo que puedes hacer hoy".

"Los sueños ya están listos, solo hay que salir a buscarlos".

"Hay que desacomodarse para ver la vida desde un punto de vista diferente. Mientras no nos movamos del mismo lugar, veremos siempre todo de la misma manera".

"Cuando hay sueños más grandes que el que uno ya cumplió, la pasión y el deseo son mayores que ese ego que batalla por no dejarse de sumergir en las mieles del éxito. Y es que esa miel corre el peligro de volverse rancia".

"Si pensáramos más en el propósito y menos en el qué dirán, más sueños se harían realidad y viviríamos más momentos estelares".

**@luzmadoria**

# 4

## CUANDO NADA

## es seguro, todo

## ES POSIBLE

> "La estructura siempre va a estar en
> contra del individuo.
> La solución son huevos y permanencia".
>
> GUILLERMO DEL TORO

Cuando estaba buscando un título que definiera exactamente el mensaje de este libro, lo primero que me vino a la cabeza fue *prime time*.

La hora estelar de la televisión es el *prime time*, y va de 8 a 11 de la noche. Ahí es donde los canales colocan sus grandes producciones y, por supuesto, es el horario donde más cuesta anunciarse.

Es el horario de los grandes premios.

Es el horario donde aparecen las estrellas. Se supone que el *rating* vaya subiendo durante todo el día y a esa hora se dispare a su máxima expresión.

El oficio de quienes programan las cadenas de televisión es crear la estrategia perfecta para cada hora del *prime time*. Programar un *show* para que empuje al otro. Y eso no sucede de la noche a la mañana. Eso se estudia, se organiza, se mueve, se vuelve a mover, y luego los anunciantes deciden donde ponen sus millones.

Según Nielsen, la compañía que mide los niveles de audiencia en Estados Unidos, ese momento estelar de la noche es entre 9:15 y 9:30 p. m. Ahí precisamente es cuando más gente ve televisión. Y es entre 10:45 y 11:00 p. m. cuando hay menos gente viendo.

Ese también debería ser el proceso del éxito y el camino que los seres humanos tomen en su vida para vivir su momento estelar.

Su *prime time*.

## Qué pasa cuando TU programación no te da resultado...

Al igual que hay programación de *prime time* que no da el resultado esperado, así hay eventos en la vida que no son como los planeamos. Y es precisamente cuando pasa el tiempo y miramos hacia atrás, que nos damos cuenta de que eso que no dio el resultado esperado tenía que vivirse para seguir el camino hacia el momento estelar.

La productora de televisión, Magda Rodríguez lo sabe.

Magda, una mexicana dicharachera cuyo estado de ánimo pareciera que es siempre el optimismo, y yo admirábamos nuestro trabajo mutuamente, aun estando en canales contrarios.

"Algún día trabajaremos juntas", le pronostiqué. Y ese día llegó. Magda fue la responsable del Buró de México de Univision y nutrió a *Despierta América* con sus buenas ideas. Varios meses después salió de la empresa por culpa de una restructuración.

Fue horrible [recuerda Magda]. En ese momento me había gastado todos mis ahorros. Recuerdo que justo acabábamos de hacer el especial de la muerte de Juan Gabriel y todo el mundo me había felicitado por el excelente trabajo. Cuando me llamaron, mi hija me dijo: "Seguro te van a ascender por el buen trabajo que has hecho". Pero no me llamaron para eso. Me corrieron. Sí, me botaron ese mismo día. Uno nunca piensa que lo van a botar. Yo había comprado una casa. Todos mis ahorros estaban ahí. Y yo pensaba: "Tengo 52 años. ¿Para dónde voy? ¿A quién le pido trabajo?" Sientes que todo se te cae y derrumba y que no va a haber otra historia que contar.

Lloré. Me sentí frustrada, abandonada, impotente. Sentí que había caído a un hoyo negro y que no iba a salir nunca más de allí. Entonces decidí hacer un mapa mental de lo que haría a partir de ese momento. Me fui a la Basílica de Guadalupe. Y luego me puse a trabajar con certeza en lo que quería y lo que podía hacer.

El mapa mental de Magda dio resultado. A los pocos días consiguió trabajo en TV Azteca.

Me asignaron el proyecto de *Enamorándonos*. Una buena amiga me llamó y me dijo que estaban a punto de sacar del aire ese programa y me animó a que yo lo sacara adelante. Yo vi todo posible. Me senté con la gente de Sony y pensé: "Me la tengo que jugar". Yo veía el show lento, aburrido, malo y decía: "¿Cómo lo voy a corregir?". Me dijeron que me daban carta abierta, y como necesitaba la *lana*, acepté. Mi sueño era trabajar con mi hija, Andy Escalona. Hice el primer programa y empezó a subir el *rating*, pero yo no quería que se supiera que yo lo estaba haciendo... Al día siguiente el titular del periódico *Reforma* era: "Magda Rodríguez regresa a TV AZTECA y hace *Enamorándonos*". Y pensé: "Si fracasas aquí, ahora no te levantas". Pero no fracasamos. Teníamos todos una gran hambre de éxito. No teníamos presupuesto. Yo tocaba las campanas para limpiar la buena energía, rezaba a mi Virgencita de Guadalupe. Fue un gran trabajo en equipo. Queríamos ser los números 1 y lo logramos, nos pasaron de canal, nos cambiaron de horario, y fuimos haciendo de cada niño un fenómeno.

El momento estelar fue cuando nos enfrentaron al exitoso programa *La rosa de Guadalupe* y ganamos. El día que le gané lloré de emoción, lloré de compromiso. Era la importancia de un mapa mental.

## Ese momento estelar que puede venir después del momento estelar...

Cuando Magda estaba en su mejor momento, cuando pensábamos todos que el universo había hecho justicia, salió de TV Azteca porque le ofrecieron producir el programa *Hoy* en Televisa.

Ese había sido siempre su gran sueño.

Yo estaba feliz en TV Azteca. Además, había llegado mi gran amigo Alberto Ciurana y ahora era mi jefe. Teníamos fecha para producir el programa el *Club de Eva*. Todo lo que había soñado estaba listo. Estaba bien pagada, bien tratada, consentida. Yo había soñado con producir el *show* de año nuevo en Nueva York y mi hija lo iba a conducir. Me habían prometido un puesto ejecutivo. Me trataron con respeto. No podía estar en un mejor momento. Pero toda mi vida, desde que yo hacía el programa *Sueño de mujer*, soñé con hacer el programa *Hoy* en Televisa. Lo tuve en mi mapa mental colgado por años. En todos mis cumpleaños siempre pedía que me tuvieran en cuenta para producir el programa *Hoy* y este año, cuando cumplí 54 años, no pedí nada. Solo di gracias. Me quité de la cabeza a *Hoy* y me dije: "Ahora solo voy a ser feliz".

El 15 de diciembre sonó mi teléfono, era un ejecutivo de Televisa diciéndome que necesitaba verme y le dije que no podía. Tenía mi cartera llena de trabajo e ilusiones. Pero me ganó la curiosidad y cuando me dijo que me ofrecían hacer *Hoy* en Televisa, donde corrí de niña, donde crecieron mis sueños, donde trabajaron mis padres y mi abuela... Mi corazón temblaba. Lloré toda la noche. Yo no quería darle esa noticia a Alberto Ciurana. El 15 de enero estrenábamos el *Club de Eva* y fue el fin de semana que más lloré y que más sufrí".

Magda se atrevió a dejarlo todo, a dejar de vivir su momento estelar por ir a buscar ese sueño mayor, al que pensaba que ya había renunciado, y se fue a producir *Hoy*.

Hoy en día ella tiene una buena definición de éxito: el éxito se produce cuando se reúnen un instante de fortuna y el trabajo absoluto, cuando de pronto se convierte en extraordinario todo lo ordinario que uno hace todos los días.

Mi papá decía: "el éxito no se toca, se observa y se agradece". Disfruta ese instante. No lo toques, no lo modifiques... Gózalo. Es como tener un buen orgasmo. Creo en la suerte. Hay un instante de fortuna donde se reúnen las "dioscidencias". Porque uno a veces hace lo mismo y no tiene la misma repercusión. Es como cuando te toca la cresta de ola. Mi papá decía que no te debes poner todos los días en riesgo. La suerte sucede así mismo, pero al revés. Exponte todos los días hasta que te llegue ese momento estelar. Si todos los días construyes sobre eso que quieres lograr, lo vas a lograr. Cuando algo te funciona, repítelo. Y cuando decidas girar tu historia 180 grados, claro que te va a dar miedo, pero ese miedo te hace hacer cosas que te sirven para crecer. Y uno viene a la vida para crecer. Yo combato el miedo con *kabbalah*, oraciones, ejercicio, yoga. Siempre me ha funcionado.

## Dios te hace desear lo que te va a regalar

Lo mejor de la vida es que siempre te pone donde tú debes estar.

Aunque pienses que es injusto.

Que no te lo mereces.

Aunque no lo entiendas en el momento en que lo estás viviendo, cuando pase el tiempo te darás cuenta de que todo tenía un propósito. Un por qué. Conchi Alfonso, que te conté que es como mi gurú espiritual, siempre dice que Dios te hace desear las cosas que te va a regalar. Y que Dios está donde tú lo pones. Lo que no sabemos es de cuánto tiempo va a ser la espera.

Yo he aprendido a no desesperarme. Y la mejor maestra ha sido *La mujer de mis sueños*. Recuerdo que empecé a escribirla sin tener ni siquiera una editorial interesada en publicarla, y me la rechazaron porque yo no era muy conocida, porque no tenía una plataforma amplia en la que pudiera promover el libro.

En un almuerzo con Silvia Matute, directora de la editorial Penguin Random House Grupo Editorial, defendí mi sueño y le expliqué que quería escribir un libro en el que una ejecutiva hispana contara, en español y en primera persona, la realidad del éxito que había aprendido trabajando junto a triunfadores. Entonces se enamoró del proyecto y me dio luz verde.

Durante todo el proceso no dejé que el ego hablara por mí.

Ni me hice la víctima.

Yo confiaba en mi proyecto. Tenía muy claro el mensaje que quería dar. La razón por la que tenía que hacerlo. Estaba segura de que tocaría vidas y que le iba a servir a quien lo leyera. Y lo defendí con calma. Con la convicción de que se haría realidad. *La mujer de mis sueños* es el único proyecto que he hecho en mi vida al que no he contaminado con mi estrés.

Lo creé, sí, con mucha paciencia, para que el resultado fuera exactamente lo que fue.

Me aconsejaron que no se llamara *La mujer de mis sueños* porque iba a segmentar mi audiencia. En otras palabras, que iba a ahuyentar a los hombres.

No hice caso.

Me dijeron que la foto de la portada debía ser la de la blusa rosada que está en la contraportada y no la blanca.

No hice caso.

Y aquí necesito que entiendas claramente el mensaje. Una cosa es la terquedad y otra la seguridad en lo que quieres creer.

Este libro era mi sueño y yo quería hacerlo como mi corazón me lo estaba dictando.

No había estrategia.

Yo sí quería que se vendiera, pero mi principal propósito era cambiar vidas. Yo quería que mi libro lo leyeran todos los miedosos que, como yo, pensaban que no iban a ser capaces de conocer el éxito.

Curiosamente, tiempo después leyendo las *Leyes espirituales del éxito*, de Deepak Chopra, me detuve ante una que me sorprendió, porque yo la viví antes de leerla: "Todos tenemos un propósito en la vida. Un regalo especial o un talento para darle a otro. Y cuando unimos ese talento único con el servicio a otros, experimentamos la alegría máxima del espíritu, que es, al final, la gran meta de todas las metas".

Cuando yo leí esto, entendí por qué yo estaba viviendo el proceso de *La mujer de mis sueños* y por qué debía contarlo en este libro.

## Esos regalos que ya te tiene listo el universo...

En el momento de escribir estas páginas estoy montada en un avión volando de Atlanta a Miami. Esto, después de que el vuelo se retrasara 24 horas por culpa de un pájaro que se estrelló contra la nariz del avión que debía devolverme a Miami. Y en esas 24 horas de atraso decidí que el contratiempo no me robaría mi paz.

Ni mi creatividad.

En otro momento de mi vida, el miedo me hubiera impedido utilizar el tiempo a mi favor. Seguramente hubiera pensado que el avión en que iba a viajar se iba a caer y el fatalismo creado por esa saboteadora que vive dentro del cerebro se hubiera encargado de que esas 24 horas fueran agobiantes.

Pero como ya la vida me enseñó que al miedo hay que agarrarlo por el cuello y moverlo de en medio, puse mi mente en positivo y decidí que iba a disfrutar esas 24 horas... o las que hicieran falta.

Así que decidí usar el tiempo que el destino me estaba regalando para ir escribiendo.

Cuando no tienes control sobre una situación, lo mejor es soltarla y ponerle buena cara. Si te enojas, te agobias o te estresas, lo único que vas a lograr es empeorar la situación.

Decidí sacar todo mi cargamento de paz para enfrentar el atraso, sobre todo por haber asistido a una conferencia en Atlanta de donde salí completamente inspirada y conocí a tantas mujeres luchando por sus sueños. Y donde la gran señal (y lección), justo cuando estaba en el proceso de escribir este libro, fue que muchas de ellas se me acercaron para contarme que habían abandonado su sueño... ¡para ir a conseguir otro mucho más grande!

Me sorprendió la gran coincidencia. Entre casi 250 mujeres, más de 20 vinieron a mí después de mi charla a contarme, con los ojos brillando de emoción, que se habían atrevido a seguir subiendo la montaña del éxito.

Y esto te lo cuento para que no te quedes pegada o trabada en el primer sueño cumplido.

Ese es el primer escalón.

El primer descanso del camino.

La vida tiene un montón de regalos para darnos. Regalos que están listos para que nosotros les quitemos el lazo, rasguemos el papel y nos deleitemos con lo que está adentro.

Tienes que perder el miedo a salir a buscarlos. A pensar que ya con esto maravilloso que estás viviendo no necesitas más.

Conozco personas que se ganan 20 dólares en el casino y se van felices a su casa. Y conozco personas que convirtieron esos 20 en 20 mil más.

Con esto no creas que te estoy enviando a que lo arriesgues todo. No. Lo que quisiera sembrar en tu corazón es la semilla del valor y la fe de que el universo no te castigará porque ya te dio lo que tú querías.

La cosa no funciona así.

El universo tiene mucho más para darte, y mientras tú funciones de una manera positiva, generosa, ayudes a otros, seas optimista y te prepares bien, encontrarás resultados positivos.

## Ahí viene el huracán... y yo en el hospital

El 2017 fue un año particularmente difícil con los huracanes. Y los terremotos.

Los que trabajamos en televisión, además de vivir las noticias mientras suceden, tenemos que seguir trabajando aunque la naturaleza indique que hay que ir a encerrarse. Cuando el huracán Irma amenazó con llegar a la Florida, en *Despierta América* hicimos el plan para no dejar ni un momento de salir en vivo. Durante varios días plancamos las estrategias personales y laborales. Organizamos un pequeño grupo que viajaría a Nueva York con los talentos para transmitir desde allá. Yo decidí que iría en carro con mi familia.

El martes de esa misma semana, mi esposo amaneció con un dolor de estómago que lo mandó a la sala de emergencia. Cuando llegamos al hospital no había ni siquiera espacio para él y lo dejaron en un pasillo mientras le hacían los exámenes, que pronto arrojaron la mala noticia: tenía una obstrucción intestinal.

Al no haber ni siquiera habitaciones disponibles, lo enviaron en ambulancia a otro hospital cercano donde los doctores no se ponían de acuerdo en si debían operarlo o no.

La fe me ayudo a mantener la calma.

Estar con un enfermo en un hospital cuando todos los medios de comunicación te están diciendo cómo prepararte para el huracán, no es un momento que valga la pena siquiera recordar. Pero te lo quiero contar por todo lo que aprendí.

Todo en esa semanas parecía moverse de lugar con la misma fuerza con que prometía llegar el huracán.

El señor que iba a ir a preparar la casa para la llegada del huracán no pudo ir y mi esposo, con dolor y desde la cama de hospital, le daba instrucciones por teléfono a mi hija para que colocara los protectores de ventanas y puertas, sacara a los pajaritos de la enorme jaula del patio y los metiera a otras jaulas dentro del garaje, vaciara la piscina, comprara provisiones... Ya no podía ir a Nueva York, por supuesto, así que, por teléfono y vía *email*, seguía coordinando el viaje del equipo de producción.

Todo, desde una silla al lado de la cama del enfermo que, aunque estaba con calmantes para el dolor, seguía indispuesto y aún su estómago no reaccionaba, y los exámenes indicaban que la obstrucción permanecía en el intestino.

El jueves, la doctora entró a explicarme que el tratamiento debía dar resultados y que si no, lo operarían el viernes. Recuerdo que el doctor Juan Rivera, quien iba por carretera camino a Georgia, me iba explicando por teléfono el por qué de cada uno de los procesos.

Durante esos días en el hospital, en el que me imaginaba a mi mamá y a mi hija solas en la casa mientras pasaba el huracán, y yo con mi esposo operado, entendí que nada iba a ganar si perdía el control. En ese momento yo era la responsable de mi familia y de mi equipo de trabajo y tenía que tomar decisiones desde la calma. Ese jueves, Karla Martínez y Ana Patricia Rojo se fueron a México con sus familias para volar desde allá a Nueva York. El viernes en la madrugada, Ana me envió un texto aterrorizada contándome que en México estaba temblando la tierra. Alan Tacher iba en otro avión, porque a su papá lo operaban ese fin de semana en el DF.

Desde aquella silla incómoda de hospital empecé a ver todo más difícil. A las 10 de la mañana entraron por mi esposo para llevarlo a hacerse un examen y recuerdo que, en cuanto él salió, yo me arrodillé y le dije a Dios: "Te doy gracias porque yo sé que cuando él regrese de ese examen la obstrucción va a finalizar, va a poder ir al baño y hoy mismo nos vamos a ir de este hospital. Gracias, gracias Dios mío por permitir que todo vuelva a la normalidad".

Te juro que por primera vez en esa semana di las gracias, porque lo que había hecho durante toda la semana había sido pedir y pedir. Dos horas después, mi esposo almorzó y su intestino reaccionó.

Ese viernes, a las 4 de la tarde, estábamos llegando a casa sin necesidad de operación.

En la ruta hacia nuestros sueños a veces suceden cosas que nos merman la fe. Y para mí hablar con Dios y agradecer por adelantado siempre será la mejor fórmula.

Durante la matanza en la escuela de Parkland, Florida, escuché a uno de los alumnos decir que rezaba para que Dios lo hiciera invisible… Cada cual se las ingenia para indicarle a Dios lo que necesita.

Si estás pasando por un momento difícil, que te hace creer que no vas a lograr lo que quieres, o que tu vida está en *standby,* ten por seguro que Dios permitirá que todo pase y vuelva a la normalidad.

## Aquella carta que le escribí a Dios

No hay una sola persona en el mundo que no tenga problemas o que no haya pasado por ellos. Lo que sí hace la diferencia es la manera en que las personas enfrentan las dificultades. La realidad es que el camino hacia ese momento que te sacará de pobre o que cambiará tu vida de una manera positiva puede estar lleno de trabas, obstáculos y muchos NO. Si a ti te está pasando eso no te sientas solo. A todos nos ha pasado.

La diferencia es que esos obstáculos se manejan mejor cuando lo haces desde la madurez y la tranquilidad.

Recuerdo que, días antes del lanzamiento del libro, viví momentos difíciles laboralmente por culpa de una persona que trabajaba conmigo y que no supo manejar su estrés. Tomaba decisiones que, de alguna manera, chocaban con las mías haciendo que el día a día se volviera más difícil.

La situación parecía incontrolable y, un sábado en mi casa, mientras leía *Intuición divina*, decidí escribirle una carta a Dios tal y como lo aconsejaba ese libro.

La verdad es que hacía mucho tiempo que no escribía una carta...

Y nunca le había escrito una carta a Dios.

Empecé a escribir con un poco de vergüenza. La autora, Lynn Robinson, sugería que debía ser específica y describir la meta o la intención que tenía. Recomendaba también que en esa carta escribiera mis miedos, mis dudas y las limitaciones que percibiera en mi camino. Al final, aconsejaba que estuviera atenta a las señales que Dios me enviaría como respuesta.

Si como les dije antes, empecé escribir avergonzada, tengo que reconocer también que terminé de escribir esa carta sintiéndome protegida, confiada y, sobre todo, livianita. Como si en esas líneas hubiera dejado todo el peso de la situación laboral que estaba viviendo.

No le conté a nadie de la carta. Fue un secreto entre Dios y yo.

Al miércoles siguiente llegó a mi oficina la abogada Jessica Domínguez y, con la dulzura y elegancia que la caracterizan, me pidió algo que nadie me había pedido:

"Luzma, ¿puedo orar por ti?".

Sorprendida le respondí que sí, que por supuesto, pensando que lo haría esa noche en su hotel. Sin embargo, Jessica cerró inmediatamente la puerta de mi oficina, se bajó de sus tacones, caminó hasta mi escritorio, se colocó detrás de la silla donde yo estaba sentada y, poniendo sus manos en mi cabeza, comenzó a rezar.

Y aquí viene la parte que me pone los pelitos de punta. La piel de gallina.

Todo, absolutamente todo lo que ella decía en su oración era la respuesta a aquella carta que yo había escrito a Dios.

Jessica no sabía que yo la había escrito y, sin embargo, estoy segura de que Dios la usó a ella para responderme mediante su oración. Mis ojos cerrados se llenaron de lágrimas y, al terminar la oración, le expliqué la divina coincidencia.

Lo que pasó después fue aún más raro.

Jessica me confesó que había soñado conmigo y que me veía llorando mucho. Dos días después, aquella persona que no sabía cómo manejar su estrés provocó mi furia e hizo que estallara durante una reunión en la que le dije todo lo que pensaba de ella y le admití que no estaba dispuesta a soportar injusticias contra las personas de mi equipo.

Tengo que confesar que, en los minutos previos al estallido, tuve tiempo para pensar si debía o no debía hacerlo. En ese momento hubiera podido perder mi trabajo. Pero me armé de valor para decir lo que pensaba, para defender a las personas que estaban saliendo perjudicadas en aquel momento. Sentí que si no lo hacía, traicionaría todo eso que yo siempre aconsejo: ser valiente y no dejar que nadie, absolutamente nadie, sabotee tu vida.

Ese día, de regreso a casa, entendí que el universo, Dios o como quieras llamarlo te manda a veces el remedio antes de la enfermedad para que estés preparada. Jessica y sus oraciones fueron ese remedio que mi alma necesitaba para llenarme de valor. (Siempre te lo voy a agradecer, amiga mía).

Y lo más curioso fue que aquella persona a quien le hablé sin filtro, fue una de las que más me apoyó después durante la promoción del libro.

Días después, entré a su oficina y le expliqué, ya sin rabia, el por qué de mi reacción. No sé si me perdonó o no. Lo cierto es que pudo ponerme trabas y nunca lo hizo. (Tú sabes quién eres. Y también estarás siempre en la lista de mis agradecimientos).

## Los huevos... del Toro

La gente exitosa, esa que ha vivido momentos de gloria, se parece. Y todos tienen en común el arte de esperar por eso que ellos desean conseguir con toda el alma.

En la ceremonia de los Globos de Oro del 2018, Guillermo del Toro pronunció unas palabras, cuando le pusieron la música para que parara su discurso, que a mí me llegaron al corazón.

"Paren la música", dijo. "Me ha tomado 25 años. Denme un minuto. Denme un minuto".

Guillermo llevaba 25 años esperando ese momento estelar. Pero no nos habíamos dado cuenta porque ya reconocíamos su éxito en Hollywood.

Cuando ofreció su *master class* en Guadalajara, después de los dos Óscar que ganó por su película *The Shape of Water*, dio tantas lecciones a los jóvenes que conformaban su audiencia, que esas mismas palabras deberían repetirse en las universidades del mundo:

En la biografía de todos siempre hay un valor. Yo tengo 53 años, lo cual quiere decir que me queda menos tiempo. Nunca me sentí más viejo y más acabado que a los veintitantos. No. Ustedes tienen un *chingo* de tiempo. Agradezcan siempre a los amigos y a los enemigos, el "No" calibra el "Sí".

Todavía recuerdo cuando en Cannes fui de café en café pidiendo permiso para pegar un póster de mi película.

Las historias buenas son las que no se rinden. Esas son las que acaban bien. Siempre va a existir algo accidentado en una biografía. Es desesperante, es cuestión de usar esa rabia para tu bien. Es encabronarte. Es "que me dé la vida pa' seguirle dando". Yo he hecho 3 películas diciendo que es la última. Voy a hacer esta y a la *chingada*. Y esas son las más satisfactorias. Cuando llegamos a *La forma del agua*, el presupuesto eran 60 millones. Yo sabía que no me lo iban a dar. La presenté en el 2014. Me iban a dar 16 y medio si es en blanco y negro, 19 y medio si es a color. No importa el número, lo que importa es el ingenio. Siempre trata de hacerla que parezca del doble.

Del Toro no cree en el positivismo para salir adelante. Es más, cuando uno lo escucha hablando pensaría que no cree en la motivación positiva. Este gigante del cine que ha hecho exitosa su historia de amor con los monstruos, está convencido de que la rabia que uno siente cuando no logra lo que quiere es lo que hace que uno siga intentándolo hasta que lo logre.

Sí, la rabia es lo que lo impulsa a uno, según del Toro, a seguir luchando hasta que llegue ese momento estelar.

Y no lo pudo definir mejor que con estas frases.

"La estructura siempre va a estar en contra del individuo. La solución son huevos y permanencia".

Del Toro está convencido de que la película que sabe que debe hacer es aquella que no soporta no haber hecho.

Cuando Luis Sandoval, reportero de *Despierta América*, le preguntó a Guillermo a qué le tenía miedo y qué les aconsejaba a aquellos a quienes la vida les había dicho muchas veces que no, contestó:

Le tengo miedo a menos cosas en la vida, pero lo que sí me da muchísimo miedo es la ideología que nos divide en los espacios más privados de nuestra vida, porque creo que con la ideología nos volvemos más fáciles de controlar. Estamos en un momento bien delicado en el que, naturalmente, tendemos a pensar lo peor, tendemos a dividirnos entre nosotros y ellos. Es un momento bien delicado. Eso sí me da miedo, porque cuando nos dicen "ellos tienen la culpa", crean una división que te exculpa, que te permite… "ah, no soy yo". No, siempre eres tú, tienes que ser responsable. Lo más importante es tener fe en lo que tú tienes que contar. Si leo el guion o lo lee alguien más, quien sea, y te dicen que no se puede, que a mí me lo dijeron infinidad de veces, esa es la prueba de la certeza. Lo que le diría a una persona en esa situación: sí, es importante la opinión de alguien más, pero la más importante es la tuya.

## El arte de NO creer en el NO y no darte por vencida

Hace unos tres años, antes de que publicara *La mujer de mis sueños*, recibí el premio *Woman of the World* (WoW *Woman*), y recuerdo que lo acepté en nombre de las mujeres de mi vida:

Mamá Tina, mi abuela.

Ofelia, mi mamá.

Tatati, mi Nana.

Y Dominique, mi hija.

En ellas he tenido la combinación de la receta de la sabiduría.

Mamá Tina: la abuela innovadora que pensó en el café con leche frío antes de Starbucks. Mi compinche. La que me hacía sentir importante y orgullosa de ser mujer con solo mirar su personalidad fuerte, ecuánime y cariñosa sin empalagos.

Mi mamá, la que siempre me aplaudió mis sueños, la luchadora a la que nunca le ha faltado un peso en el bolsillo (aun en los momentos más difíciles), y la que todos los días me hace un *reality check* de lo bueno y malo que hay en mi vida.

Tatati, la nana con el corazón más bueno del mundo, a la que nunca le faltó una sonrisa. La que no se quejaba de nada y todo lo celebraba a carcajadas. La que me enseñó que a la gente buena le pasan cosas buenas. La que gozaba infinitamente todos los regalitos que le daba la vida. Mi filósofa de pueblo.

Y Dominique, la hija que esperé durante casi siete años sin poder embarazarme y por la que aquel 15 de julio, el día que murió Mamá Tina, le dije a mi esposo: "Voy a quedar embarazada".

Y no sé si sé agradecérselo al universo, a Mamá Tina o a ese espermatozoide piloso y obediente de mi marido que decidió entrar con más fuerza a vivir su momento estelar con mi óvulo y crear a mi Dominique. Solo sé que Dios permitió que yo entendiera el milagro de la vida viendo la cara de mi hija. La que vino a este mundo a enseñarme que hay que ser valiente y que todos los seres humanos somos iguales y nos merecemos lo mismo.

Repasando la importancia de todas las mujeres de mi vida, entendí mejor la responsabilidad que tenemos con nuestras amigas, familiares y colegas. En todas podemos tener un impacto positivo si las orientamos generosamente.

Esa noche, cuando terminé mi discurso, se me acercaron muchas mujeres a saludarme. Estando aún en la tarima sentí que alguien me halaba la mano y, cuando volteé a ver quien era, me encontré a una chica joven que me dijo: "Yo necesito 5 minutos contigo. Yo quiero que seas mi mentora".

Su atrevimiento entre aquel montón de mujeres me gustó. Le di mi dirección electrónica y el lunes siguiente recibí un correo de Carla Curiel, que resultó ser una dominicana inteligente, muy bien educada y con una fuerza, persistencia y determinación que me siguen sorprendiendo.

Carla llegó a mi oficina una semana después, y con el mismo ímpetu que me pidió que fuera su mentora, me fue explicando su gran sueño: Mundo Lanugo. Una serie de dibujos animados creados con la misión de que los niños hispanos que viven en Estados Unidos no se olviden de sus raíces. La idea se le ocurrió a Carla cuando estaba embarazada de sus gemelas y quiso transmitirles sus valores y tradiciones a pesar de estar lejos de su República Dominicana. Carla me contó cómo había tenido que recurrir a personas allegadas a ella para reunir el dinero y conseguir el mejor caricaturista. En este punto, recuerdo que le pregunté cómo lo había contactado y su rápida respuesta fue: "Igual que tú. Atreviéndome".

No hay feria de televisión en Estados Unidos donde Carla no llegue a ofrecer su Mundo Lanugo. Pareciera que ella vino al mundo sin fecha de vencimiento. Y es que ella no sabe lo que es darse por vencida. Desde que la conozco está esperando su momento estelar. Y cada día se acerca más. En nuestra última conversación (religiosamente me pide un *meeting* cada 3 o 4 meses) me contó muy feliz que dos grandes empresas estaban interesadas en su Mundo Lanugo.

Lo que Carla no sabe y se va a enterar leyendo estas páginas es que, aunque ella cree que yo soy su mentora, es ella la que me inspira a mí. La última vez que la vi no paré de hacerle preguntas. Sobre todo, porque sé que tú también debes tener un plan para vivir tu momento estelar y que debes haber vivido también esos momentos en que la vida parece que se paralizara y el plan pareciera que no va a llevarte a ningún lado. Por eso Carla, que nunca se da por vencida, es fuente de inspiración.

Todos los años adopto una palabra en mi vida [me explicó con la misma pasión con la que va por la vida]. Este año fue "entrégate". Sentí que no podía ir por la vida controlándolo todo. Este año he aprendido a confiar más en Dios. También conseguí una *coach* de vida que me hizo entender que hasta ahora yo había usado mi energía masculina para luchar por mi momento estelar. Y me aconsejó que, a partir de ahora, tratara de escuchar mejor a mi intuición. Hace 4 años perdí al consultor que quería en mi empresa por no escuchar a mi intuición. Lo perdí porque era el más caro, y por ahorrar y no escuchar a mi intuición no pude trabajar con él. Hoy en día eso no volvería a pasarme.

## ¿Cómo se vende una idea?

Carla se ha convertido en una experta vendiendo sus ideas. Por eso le pedí que compartiera conmigo lo que ha aprendido de todo este proceso:

1. **Vender cualquier cosa es una transferencia de emociones.** Por lo tanto, la tarea más importante es PREPARARSE. Prepárate para meter un gol antes de ir a la cancha. Tienes que creer en lo que estás vendiendo antes de que alguien

más lo crea y lo quiera comprar. Esto significa estar listo. Para eso, necesitas usar todo lo que puedas: afirmaciones, posturas corporales, visualizaciones, ejercicio, yoga, *reiki*. Cualquier cosa que te ayude a encontrar tu centro. Siéntete empoderado y prepárate.

2. **Tienes que conocer muy bien a quien le estás lanzando tus ideas.** Y no solo su nombre y el papel que desempeña, sino que realmente intenta ponerte en su lugar haciendo las siguientes preguntas: "¿Qué es lo que él o ella quiere? ¿Qué siente? ¿Qué escucha y qué hace?" Para que puedas entender de dónde viene, desde todos los ángulos. Esto incluye investigar mucho acerca de la persona y la compañía (lo que también te ayudará a establecer una buena relación con la persona a la que te diriges).

3. **Siempre tienes que lucir profesional.** Que se den cuenta de que has hecho tu mejor esfuerzo para preparar una presentación convincente. Revísala y practícala muchas veces. Solo y con público. Con el público que tú escojas: tu familia, tus amigos o tus compañeros de trabajo. Quizás frente a tu propio jefe.

4. **Ve al punto.** Siempre me gusta darle a la persona un marco de tiempo para aliviar su preocupación y confirmar que no estarán "estancadas" aquí para siempre. Inmediatamente después me presento, teniendo en cuenta que la impresión de alguien sobre ti es generalmente basada en el promedio de la información disponible. Entonces, que lo que digas sea corto y poderoso.

5. **Realmente crucial: haz que parezca que todo se está alineando con esta ocasión particular y ahora es el momento adecuado.** Para esto, es necesario entrar en la historia de las

cosas, explicar el emocionante camino evolutivo al tiempo presente y darles credibilidad para comprar ahora.* Esto lo aprendí de un libro maravilloso llamado *Pitch Anything*. Si te tomas en serio este tema, te recomiendo que leas este libro.

## El santo remedio está en las ganas...

Uno de los privilegios que uno agradece en la vida es poder trabajar de cerca con personas que son realmente luchadores.

En mi caso, esas personas, por la naturaleza de mi trabajo, son además populares.

Conocí al doctor Juan Rivera gracias a la televisión. Era el corresponsal médico de *Noticias Univision* y algunas veces iba a *Despierta América* como invitado. Siempre me pareció que ahí, frente a la cámara, había más que un médico. Me parecía un personaje maravillosamente entretenido y lo sentía con muchas ganas de comerse la pantalla. Mientras que los médicos comunes y corrientes hablan con palabras rebuscadas y son medio "aburridones", Juan utilizaba un lenguaje directo, coloquial, y hacía de cualquier segmento médico un momento de aprendizaje y esparcimiento.

Un día me pidió una cita y me dijo lo mismo que yo sospechaba: quería tener su propio *show* de televisión y estaba dispuesto a multiplicar fuerzas para lograrlo.

Estoy segura de que Juan lo deseó tanto que lo convirtió en realidad. Conozco pocas personas con las ganas de triunfar que tiene ese puertorriqueño. Juan no tiene horarios. Trabaja sin parar. Se rodea de personajes claves que lo ayudan a crecer y se mantiene siempre bien informado.

---

* Consejo extra: no salgas tan desesperado. Eso te desvía la energía.

Cuando le pido que me defina el éxito, me pone a pensar con su respuesta.

El éxito es uno de los conceptos más subjetivos que conozco. ¿Cuál es la medida correcta? ¿Quién determina si uno es exitoso o no? En lo personal, me da miedo sentirme exitoso, pues siento que puedo perder el hambre de seguir trabajando fuerte, innovando, creando, buscando soluciones que mejoren la vida de los demás. Me disfruto el *hustle*, el ajetreo, sentirme atrás; hace que mi cerebro se mantenga alerta y mi mente, abierta a oportunidades.

Para ser justo con la pregunta les daré mi propia definición del éxito en mi vida. Divido mi existencia en trabajo, familia, sociedad y espiritualidad. Para efectos de esta pregunta, supongamos que el éxito requiere un 100 % en cada uno de estos aspectos de mi vida. En lo familiar me doy un 90 %. La verdad, es donde considero que estoy más cerca de la meta. Sin una familia estable y feliz como la que tengo no creo que "el éxito total" fuese posible. En lo que a mi trabajo se refiere me doy un 70 %. Aún siento que me queda bastante por hacer en la medicina, al igual que en los medios de comunicación.

Cuando hablo del aspecto de la sociedad, me refiero a involucrarnos con nuestra comunidad. En este renglón me doy un 50 %. He ayudado a millones de hispanos a mejorar su salud a través de mis programas de televisión y a través de mis libros, pero me gustaría ayudar mucho más a causas benéficas, de tú a tú con la comunidad. Finalmente, en la parte espiritual me doy un 30 %. La verdad, entre los 15 años de estudiar la carrera, criar 3 hijos, la televisión, la familia, los libros, en fin, las responsabilidades no me han permitido reflexionar y crecer como quisiera a nivel espiritual.

Después de tener su propio *show* de televisión, Juan se convirtió en *best seller*. Sus libros *Mejora tu salud de poquito a poco* y *Santo remedio* siempre están en los primeros lugares de venta y parece que su vida saltara de momento estelar en momento estelar. ¿Cuál es su fórmula para vivirlos?

Un momento estelar es uno en donde el pasado, el presente y el futuro se funden de manera mágica. Para mí lo fue cuando me aceptaron en Johns Hopkins para entrenarme en cardiología. Nunca antes había entrado un hispano a ese programa, el mejor de la nación americana, posiblemente del mundo. La aceptación la vi en la pantalla de una computadora en forma de *email*. Antes de abrir el mensaje, el que le diría sí o no a mis sueños, me pasaron por la mente todos los sacrificios que hicieron mis padres para educarme, las amistades y relaciones perdidas porque solo había tiempo para estudiar medicina, los viajes que no pude hacer con mis amigos, las noches sin dormir… Las lágrimas de alegría reflejaron el sí en la pantalla y en una convulsión de sentimientos pude sentir el futuro. Por un segundo viví en tres tiempos y todos fueron mágicos.

Con Juan siempre hay tema de conversación. Y una de las cosas que más disfruto es cuando suelta opiniones que me dejan pensando. Como la diferencia que encuentra entre la manera en que la generación actual lucha por el éxito y la forma en que él mismo lo hizo 20 años atrás.

> Me parece que los jóvenes hoy en día tienen una definición de éxito distinta a la tal vez impuesta por sociedades o generaciones pasadas. En mi caso, casi el 100 % del éxito se definía basado en la educación que se obtuviese y el rendimiento de cada persona en ese ámbito. Seguido a esta etapa de formación formal se sumaba una estabilidad económica y una familia respetada en la comunidad. Así que, a los 20 años mi mundo era estudiar, estudiar y estudiar. Me parece que hoy día la juventud tiene un concepto mucho más balanceado de lo que es el éxito. Le prestan atención, además de educarse, a disfrutarse la vida. Muchos en mi generación crecimos pensando que si podemos trabajar más para hacer más dinero es lo adecuado o correcto hacer. Muchos jóvenes con los que he trabajado muchas veces prefieren un balance de vida más completo, aunque implique menos dinero.

Para Juan la perseverancia, la lectura continua y no ponerles límites a sus sueños son los tres *santos remedios* para alcanzar el éxito. Pero ¿qué hace cuando las cosas no salen como las había soñado?

"Rápidamente construyo otro sueño que perseguir. Soy adicto al proceso. Me brinda mucha más satisfacción la lucha que el momento de la victoria. El éxito me pone nervioso, me incomoda, me hace sentir débil… En las trincheras me siento vivo, ansioso por ver lo que un nuevo sol me traerá".

## #tumomentoestelar

"El éxito se produce cuando se reúnen un instante de fortuna y el trabajo absoluto, cuando de pronto se convierte en extraordinario todo lo ordinario que uno hace todos los días".

"La rabia que uno siente cuando no logra lo que quiere es lo que hace que uno siga intentándolo hasta que lo logre. Hasta que llegue el momento estelar".

"Entendí que el universo, Dios o como quieras llamarlo te manda a veces el remedio antes de la enfermedad para que estés preparada".

"Lo que quisiera sembrar en tu corazón es la semilla del valor y la fe de que el universo no te castigará porque ya te dio lo que tu querías. La cosa no funciona así".

"No hay una sola persona en el mundo que no tenga problemas o que no haya pasado por ellos. Lo que sí hace la diferencia es la manera en que las personas enfrentan las dificultades".

**@luzmadoria**

# 5

# DIME CON QUIÉN ANDAS

## (y te diré

# QUIÉN SERÁS)

> "Rodéate de personas que solo te eleven
> a lo más alto".
>
> OPRAH WINFREY

Estoy convencida de que en la vida tenemos que formar nuestro propio ejército de bondad. Esas personas que van a estar contigo en las buenas, las malas y las estelares. Las que te aplaudan cuando triunfas. Y las que corran a sacudirte cuando te caes. Las que te hablan sin pelos en la lengua cuando te ven metiendo la pata. Y las mismas a las que les puedes confiar todos tus sueños.

No hay un solo momento de mi vida, bueno o malo, en el que no esté presente siempre un mensaje de Alejandro Chabán. Mi teléfono siempre recibe un texto suyo en los momentos de estrés o de celebración.

Nunca olvidaré un día en la cafetería de Univision, mucho antes de que trabajáramos juntos, que me preguntó cómo iba aquel libro que yo pensaba escribir.

"Ahí voy", le contesté sin mucho entusiasmo. "A veces dudo de si debo o no escribirlo".

Lo que siguió después fue el regaño más motivacional que me han dado en mi vida. Me dijo que no lo dudara, que ese libro cambiaría vidas, que dejara el miedo a un lado…

Que tenía que atreverme.

Curiosamente, y por esas causalidades de la vida, *La mujer de mis sueños* se lanzó el 20 de agosto, el mismo día del cumpleaños de Alejandro Chabán. Yo creo que esa fecha le trajo suerte.

## La historia del soñador que se lo creyó tanto que lo volvió realidad...

Alejandro Chabán tiene 36 años y es millonario. Si tuviera que definirlo con dos palabras, serían enfoque y pasión.

Si fueran tres: Yes You Can!

Tú sí puedes.

Todo en él gira en torno a los momentos estelares que vive y que quiere seguir viviendo. Es estudioso, aplicado, apasionado... Le encanta rodearse de personas exitosas para aprender de ellas.

El CEO de Yes You Can! está seguro de que un momento estelar es cuando la persistencia, la preparación y Dios se encuentran y hacen su magia. Y él sí que sabe de momentos estelares.

La primera vez que supe de la vida de este venezolano que hoy es millonario y triunfador fue gracias a Twitter. Era pobre y estaba lleno de sueños. Comencé a ver que amigos comunes le hacían *retweets* y me gustó la buena vibra que había en aquellos 40 caracteres.

Después lo vi robarse el *show* en la telenovela *Eva Luna*, en Univision, desde donde literalmente saltó a mover el esqueleto en *Mira quién baila*.

Cuando yo llegué a *Despierta América* ya el tenía su segmento de nutrición, que era como una especie de *reality show* de 4 minutos donde nos iba llevando a todos por ese camino difícil de las dietas, cuya meta siempre era el equivalente a un final feliz y flaco.

Chabán se fue haciendo amigo de la casa. Y Yes You Can! fue subiendo de valor. Cuando Raúl Gonzáles renunció a *Despierta América* para ir en busca de otros sueños, mi jefe en aquel momento, Alberto Ciurana, me llamó a su oficina. Cuando entré, él estaba viendo *Despierta América* y Chabán estaba al aire. "Ese es el conductor que tú necesitas", me dijo Alberto señalando con el dedo a la pantalla.

Sinceramente, nunca pensé que Alejandro aceptaría la propuesta. En ese momento ya Yes You Can! era una empresa millonaria. Y cuando uno es millonario, pienso yo, no hay necesidad de levantarse a las 4 de la mañana para ir a otro trabajo.

Me equivoqué.

Chabán ni siquiera lo pensó. Inmediatamente dijo que sí.

Aceptó, sin dudar, la oferta de ser presentador de *Despierta América*. Y es que su historia de amor con el programa es maravillosa y parece sacada de un cuento. Se enamoró del *show* desde que llegó de Venezuela a Miami y, como cualquier otro inmigrante, lo primero que hacía al despertar era prender la tele y meter su corazón en la casa más feliz de la televisión hispana. Pero la cosa no paraba ahí. Él, además de meter el corazón, soñaba con ser uno de los presentadores del programa.

Yo visualicé ser el conductor de *Despierta América* durante 12 años. Yo corté el logo del programa y lo puse en mi *vision board*. Corté la foto del elenco y me obsesioné con un día poder sentarme en esa sala junto a ellos. Yo preparo mi *vision board* todos los años, a color y muy visual. Pongo todo muy grande y todo se me ha dado. Recuerdo que siempre me comportaba como si fuera conductor de *Despierta América* y, además, lo hacía varias veces al día.

Y lo logró.

Yo me enteré de esa historia, que me fascina escuchar siempre, mucho después de que le propuse a Alejandro que trabajara conmigo. Después de la "reunión" que hacemos todos los días cuando termina el *show*, a las 11:30 de la mañana, Alejandro se iba a su oficina de Yes You Can!, que queda a pocas cuadras de Univision en Miami, a seguir trabajando. No faltaba ni un día a ninguno de los dos trabajos y en *Despierta América* era tan aplicado y estudioso que le decíamos *Chabanpedia*. Cuando nos tocaba viajar juntos, fue cuando realmente conocí de qué estaba hecho.

En nuestros viajes me explicaba que, cuando trabajaba en Los Ángeles sirviendo pollos en El Pollo Loco, recurría a la motivación de dos hombres que "vivían" en su iPod, siempre listos a pronunciar esa frase que lo sacaba de la tristeza de no ver sus sueños cumplidos. De no tener dinero. De sentir que había fracasado dejando su vida en Venezuela para buscar un mejor futuro en Estados Unidos.

De no estar viviendo el sueño americano.

Esos hombres que vivían en el iPod del inmigrante venezolano eran un gringo y un mexicano. El hombre mexicano que inspiraba a Alejandro era el doctor, motivador y exitoso conferencista internacional César Lozano.

El gringo era Tony Robbins.

Yo creo que todo empezó desde que yo era pequeño. Desde que empecé a necesitar el cariño de mi papá porque el siempre me aplaudía por comer. Llegué a pesar 314 libras. Intenté un millón de dietas, sufrí de *bullying*, quería quitarme la vida. Y pasaron los años, me documenté mucho, bajé de peso con ejercicio y dieta. Y siempre quería que existiera una dieta diseñada para nosotros los hispanos. En el 2008 me fui a California, trabajé en El Pollo Loco como mesero, era payaso los fines de semana. Mi papá me dijo que escribiera mi historia, que hiciera un libro, y me mandó fotos mías y el uniforme del colegio, que era XXL, y cuando vi esas fotos, reconecté con mi historia. La escribí. Y empecé a ofrecer mi libro a las editoriales. Muchos no retornaron mi *email*, una tal Diana me dijo que yo no tenía talento para escribir. Probé muchos tipos de religiones. No encontraba la fe y me sentía perdido.

Chabán empezó a escribir su libro. Fue a Google, encontró un editor y, con 220 dólares que consiguió vendiendo el iPod donde escuchaba a César Lozano y a Tony Robbins, pagó el libro.

Publiqué un blog, empecé a tuitear. Se burlaban de mí y me decían *actor sin trabajo*. Yo estaba claro que lo que quería era ayudar a la gente con sobrepeso. Esa era mi misión. Un día, el productor Carlos Sotomayor me llamó para darme la oportunidad en la novela *Eva Luna*. Me llevaron a Miami. Me invitaron a *Don Francisco Presenta*, a donde tuve que ir con ropa prestada. Imprimí una foto de la portada del libro, la pegué en otro libro y hablé del mío como si ya estuviera publicado. La noche que el *show* salió al aire llegué a mi casa y tenía 3 200 órdenes. Y yo no tenía ni libro.

Esa noche, Chabán comenzó a vivir su momento estelar. Ese milagro que todos esperamos que nos suceda algún día y cambie nuestro destino. Inmediatamente, publicó el libro en Amazon y comenzó a venderlo. De ahí siguió el desarrollo de Yes You Can! El éxito empresarial.

Los momentos estelares de mi vida siempre han estado conectados con el alma, con el servicio, con ese llamado que
tenemos todos en la tierra. Y empecé poco a poco a desarro-
llar YYC y a llevarlo a la acción. Mucha gente me dio la espalda. No tenía dinero, pero tenía ganas y quería transformarle la
vida a los hispanos. Pedí un préstamo privado. Así pude co-
menzar mi negocio. Tuve la bendición de encontrar un socio
como Ronald Day, que conoce el mercado hispano como nadie. Los dos teníamos hambre de triunfar, de comernos al mundo. Fuimos trabajando y desarrollando poco a poco el sueño
de los dos. Siempre les digo a los empresarios que empiecen
con lo que tengan a mano. Yo me convertí en nutricionista cer-
tificado. Si yo quería un imperio de salud tenía que hacer sacrificios. Dejé de beber, de fumar. Eso es parte del sacrificio
de hacer un sueño realidad. De ser congruente. Hoy en día,
transformamos la vida de los hispanos no solo desde el punto
de vista de la salud, sino que les damos trabajo convirtiéndo-
los en *coaches* de Yes You Can!

## Apúntalo: hay que identificar la huella digital que hace clara tu misión

En ese viaje a Los Ángeles, en el que Alejandro me empezó a contar
cómo era su vida cuando trabajaba en El Pollo Loco, me explicaba
que no tenía dinero, que vivía estresado. Cuando lo entrevisté para
este libro le pedí que me contara cuál era la diferencia mental entre
aquel mesero estresado y el empresario de hoy.

Tengo muy claro siempre qué voy a hacer con mi vida y cómo cumpliré mi propósito. Las profesiones y negocios han cambiado en esta nueva era; hay que identificar cuál es la huella digital que hace válida nuestra misión. Y la respuesta a eso es cuando me pregunto: ¿Que haría yo de gratis? ¿Cómo liberarnos de ese *yo manufacturado*? ¿Cómo conectamos más con amor y menos con el ego? Es descubrir esa pasión. Hay que crear un plan. Ir al ataque, ir a la acción. Ponerte metas a largo, mediano y corto plazo. Tener claridad en lo que queremos. No podemos estar divagando.

De esos momentos difíciles, Chabán aprendió cuatro cosas importantes que hoy resalta para ustedes, que viven el proceso de convertir sus sueños en un gran momento estelar:

1. Aprendí a hablar en positivo. A abrirme a las oportunidades.
2. Aprendí a alejarme de la gente negativa.
3. Aprendí que yo elijo si ando con gente que haga reír o que me ponga de mal humor.
4. Aprendí a alejarme de las pérdidas de tiempo. Aprendí a decir que no. A decirle a mi mamá que no cuando quiere que coma lo que ella me cocina y no quiero romper mi dieta. Éxito es una gente que sonríe, que conecte en espíritu conmigo.

## De "no sabes escribir" a ser
## un *best seller* de *The New York Times*

Cuando decidí incluir la historia de Alejandro Chabán en este libro, lo hice absolutamente segura de que te va a servir. Para que tú, que a veces piensas que no vas a poder lograr tu meta, siempre te acuerdes de alguien que pasó de gordo a flaco y de pobre a millonario.

De alguien que está viviendo su momento estelar y se lo está disfrutando.

La vida de Chabán ha cerrado círculos tan maravillosamente bien que sirven de inspiración a cualquiera. Por ejemplo, aquella mujer llamada Diana, que le dijo que él no tenía talento para escribir, debe estar hoy revolcándose en su escritorio cuando ve que ese mismo chico al que rechazó es hoy uno de los *best sellers* de *The New York Times* con su libro *Dime qué comes y te diré qué sientes*.

Hace pocos meses, la editora de mi libro me dijo: "Eres el libro más vendido de USA", y yo estaba en la azotea y todo se congeló. Y me fui a una esquina y me puse a llorar. Vencí obstáculos. Me decían que no día tras día y yo, por no escuchar al ego, que es la voz de la mente, decidí escuchar la voz del corazón. Yo estoy claro de que quiero ayudar a millones de personas. Tú tienes éxito cuando tus experiencias oscuras iluminan a otras personas. Cuando conviertes tu papel de víctima en victorioso. Cuando sirves. Cuando sabes que estás aquí por una razón. Si quieres vivir un momento estelar tienes que escuchar a tu corazón. Siempre la mente nos lleva al pasado o al futuro. Los momentos estelares se producen cuando estamos en el ahora. Escuchando. Estamos siempre condicionados a apegarnos al pasado, a la tristeza, al dolor, y si no, estamos en el futuro y eso no nos permite estar en el presente, y entonces no escuchamos al corazón. Hay que aprender a entender que lo que está pasando es perfecto. Quizás no es lo que queremos, pero es lo que necesitamos para evolucionar.

A Chabán la técnica que más le ha funcionado para triunfar es la de la visualización. "Todas las mañanas yo visualizo lo que quiero. Cómo suena ese momento de victoria, a qué huele, ya sea con el *best seller* o con mi edificio. Cuando tuve mi primer Ferrari. Desde que tenía 13 o 14 años me visualizaba en un Ferrari. Fui a la Ferrari en el año 2010. Y probé uno y no tenía dinero. Y todas las mañanas veía mis manos en el volante de ese Ferrari".

## *Yes you can,* Chabán... Y tú también

Cuando le pedí a Alejandro que diseñara un plan de acción para lograr un momento estelar, lo primero que me sugirió fue leer. Él lee diariamente capítulos de tres libros a la vez.

1. **Siempre doy gracias.** En un corazón agradecido no hay espacio para la rabia, queja... Todas las noches hago la lista de cosas por las que estoy agradecido. Vuelvo a lo básico. "Gracias por las manos con las que estoy escribiendo". El agradecimiento aniquila toda rabia y queja. Yo todas las mañanas salgo al balcón y doy gracias por todo. Tenemos que

conectarnos con el poder de agradecer. Te aniquila todo sentimiento negativo. Leo mucho. Me documento. El éxito tiene huellas y solo hay que seguirlas. En mi mesa de noche tengo a Michael Jordan, Warren Buffet, Carlos Slim, a tanta gente que ya lo ha logrado. Leo al dueño de Starbucks. Me la paso aprendiendo. Si no aprendo y crezco, me muero.

2. **Hago afirmaciones siempre pensando en lo que necesito.** En algún momento de mi vida me sentía inseguro, débil, y trabajé la fortaleza y la seguridad para mejorar. Yo siempre hago afirmaciones positivas, 33 veces, durante 33 días. Por ejemplo, se debe decir: "Quiero estar delgado y saludable" en vez de "Yo no quiero estar gordo". Y las hago siempre sonriendo, porque ese movimiento de la boca hace que se generen pensamientos positivos. Hasta cuando tengo rabia sonrío para conectar con la parte positiva de uno.

3. **Siempre tengo un mentor.** El mentor te ayuda a ver las cosas desde fuera. Hoy en día tengo el privilegio de tener a Tony Robbins. Voy a su casa, paso los fines de semana con él y salgo como nuevo. Tony llegó a mi vida porque me hacían *bullying*. Y recuerdo que yo estaba montado en un Malibu beige que tenía mi papá. Y no me quería bajar del carro y mi papá me puso un casete suyo. Lo escuché y me bajé valiente a clases. En el año 98, mi papá me regaló un libro de Tony Robbins. Se llamaba *Poder sin límites*. Cuando me mudé a Estados Unidos comencé a escucharlo como inmigrante. Yo quería triunfar en este país. En los *breaks* de El Pollo Loco, lavaba pisos, limpiaba mesas y lo único que me daba fuerzas eran las palabras de Tony Robbins. En el 2014

fui por primera vez a un seminario suyo. En la última fila, porque no me alcanzaba el dinero. Y ahora ya Tony es mi *coach* privado y voy a su casa, y no lo puedo creer.

4. **Aprendí a ahorrar mucho. Yo ahorro ahora mucho más que cuando era pobre.** Y tengo que estar preparado. Diversifico mi dinero. Aprendí a bajar la cara, a ser sencillo. Me gustan las cosas buenas, pero eso no me hace ni más ni menos. Cuando estaba en El Pollo Loco me preguntaban si yo no era el chico de la novela. Sueño en grande, sé que el universo conspira siempre a mi favor. Si sueño en grande voy a tener posibilidades grandes. He aprendido a creer, como dice mi marca, que "sí se puede, *yes you can*". La mente está preparada para sabotear planes y nos protege de lo que está afuera, y por eso vienen los pensamientos negativos como: "Y si no soy suficiente, y si no me ama". Todos tenemos los mismos miedos. Claro que yo siento miedo, pero puedo domarlo. Lo siento en el estómago, pero me digo *"Yes you can*, Chabán". No quiero quedarme nunca con las ganas de haberlo intentado.

5. **Si no te funciona una estrategia diseña una nueva.** Nunca cambies la meta. Cambia la estrategia. Y no te compares con nadie. Yo siempre le pregunto a la gente exitosa cómo lo logró. Sin pena. La gente exitosa quiere enseñar. Haz tú lo mismo.

Una de las cosas maravillosas que han logrado Alejandro Chabán y su socio, Ronald Day, fundador de Yes You Can!, es empoderar a todas las personas que usan su marca y que la venden. Ronald Day, que es un estratega panameño brillante, presidente y creador junto a Chabán de la exitosa empresa, organizó en el 2017 en Miami Beach un evento para empoderar a todos los miembros de su organización. El enorme éxito de esta empresa, creada hace 5 años, es la gran lección de superación y éxito que estos dos soñadores inmigrantes, el panameño y el venezolano, le van a dejar al mundo.

Y hubo un invitado que llegó a empoderar y a inspirar a toda la empresa… Igual que hace unos años, en medio de platos sucios y jefes gritones en El Pollo Loco, empoderaba a aquel soñador venezolano.

No podía ser otro.

Era el mismo César Lozano, que durante hora y medio hizo pensar, reír y llorar a la audiencia.

Prepararse, no darse nunca por vencido, no hacerse la víctima, ser congruente, generoso y agradecido son algunas de las grandes lecciones de este magistral orador.

Chabán lo escuchaba mientras se le salían las lágrimas. Seguramente recordando como Lozano, sin conocerlo allá en Los Ángeles, le había dado ánimo desde su iPod.


## Escoge tu realidad. ¿Cuál quieres?

Desde que agregué a mi vida la profesión de escritora, las personas me perciben de una manera diferente. Aunque siga siendo la misma que era antes de escribir el libro, ahora la mayoría de las personas me cuentan sus sueños… y sus miedos. Y hay una gran similitud en todas las historias que escucho. Ser testigo de esto me ha regalado la posibilidad de vivir inspirada al ver cómo el ser humano vive en una constante lucha por la felicidad. También sigo notando que aún muchas personas dejan guardados bajo llave esos sueños y que quizás nunca se atrevan a hacerlos realidad.

Y es que la consecuencia de vivir el momento estelar debe ser, además del servicio que estás prestando, la felicidad de poder vivirlo. De nada vale llegar a ese momento estelar y que no lo puedas disfrutar.

El escritor Shawn Achor es un investigador sobre la felicidad que ha trabajado con el Departamento de Salud de los Estados Unidos, ha dado conferencias en más de 50 países y ha participado en TED Talks con mucho éxito. A mí me encanta leerlo porque da mensajes muy claros. Con él, por ejemplo, se acabó aquella comparación de si vemos el vaso medio lleno o medio vacío. Él propone que, en vez de ver el vaso medio vacío o medio lleno, busquemos la jarra del agua y lo llenemos más.

"En lo que tu mente se enfoca, es en lo que se convertirá tu realidad. Y la mejor manera de cambiar esa realidad es darte cuenta de que hay muchas realidades que puedes escoger. Tú puedes enfocarte en la tragedia que vives o utilizar tu cerebro en ver cómo puedes abrir más puertas a las oportunidades. Una realidad conlleva a la parálisis, la otra, a un cambio positivo".

Según Achor, una mente positiva te regala un 31 % más de productividad. Y estudios indican que mandar un mensaje positivo a alguien te reprograma la mente. Eso, él lo llama crear la higiene de la felicidad. Y, además, asegura algo que a mí me encantó saber: que el éxito sí tiene aceleradores. Por ejemplo, si haces la lista de las cosas que tienes que hacer durante el día, agrégale tres que ya hayas logrado. Todo eso es beneficioso, porque el cerebro acelera su proceso cuando ve que ya hay éxito.

## Entre la dieta y las ganas de comerme al mundo

Cada vez que sé que tengo que hablar en público o que tengo alguna entrevista, me pongo a dieta. Y cuando estoy en esas salas, frente a tanta gente, y comienzo a sentir mariposas que vuelan con fuerza por mi estómago —haciéndome dudar a veces si es susto o hambre, porque vivo a dieta—, siempre pienso lo mismo.

¿Por qué no puedo ser como la gente normal que no vive pendiente de la comida?

Ronald Day, presidente y genio fundador de Yes You Can!, y quien, además, es un gran mentor con quien no solo tengo largas conversaciones sobre la vida, sino que está pendiente hasta de cuánto peso, me dijo algo antes de lanzar *La mujer de mis sueños* que me hizo poner a dieta. Justo cuando me iba de vacaciones a Cancún, me dijo:

"Come bastante, porque cuando vengas tienes que hacer dieta. Esa noche de la presentación del libro tienes que lucir muy bien. Porque Luzma, tú eres encantadora…, pero estás gorda".

Le hice caso.

Uno de esos sueños que he alcanzado varias veces es bajar de peso… Y es que mi vida es una constante decisión entre las dietas que voy a hacer y las ganas de comerme al mundo… He engordado tantas veces como he vuelto a bajar, porque estoy convencida de que uno de los placeres más ricos de la vida es comer.

Sobre todo, postres.

Y cuando algo me va bien, siempre la recompensa es un postre de Nutella. Porque yo soy de las que cree que cuando uno se porta bien se merece un premio… (así como que un castigo siempre debe ser la consecuencia de portarte mal).

Parte de las nuevas responsabilidades que he adquirido con mi vida es quererme más. Y por eso ahora trato de comer más saludablemente y me he prometido que, cuando este segundo libro esté en las librerías, estaré flaca y feliz para celebrarlo.

Aquí lo dejo escrito.

Y te invito para que tú también lo hagas.

He conocido a tantas personas que no son felices con la manera como lucen físicamente y eso redunda en su éxito. Al no verse como ellas quieren, se sabotean con más comida, engordan más, se descuidan y ponen a un lado sus sueños. Entre ellos, el de lucir como realmente quisieran. Y entonces buscan consuelo con frases como "el físico no es lo importante". Queridos amigos, les tengo noticias: el físico con el que uno sueña sí es importante y uno merece tenerlo.

Porque uno merece tener en la vida todo lo que uno quiera tener, y no hay por qué sentir ni que uno no se lo merece ni que no va a ser capaz de lograrlo.

Quizás tu momento estelar sea que el espejo te regale esa imagen que tú siempre has querido. Y lo bueno de este sueño es que no requiere mucha gente para cumplirlo: tú, con tu fuerza de voluntad, serás el único que pueda hacerlo realidad.

## Cuidado con los pasados que desbaratan futuros

A lo largo de mis 35 años de carrera en prensa escrita y televisión he vivido muchas etapas exitosas de la industria. Me tocó nacer profesionalmente en un periodo en el que las revistas eran las reinas… Y me ha tocado también ver a algunas de ellas desaparecer porque los medios digitales las echaron a un lado.

Fui testigo del éxito de grandes cantantes que, al separarse de sus mánagers, desaparecieron de la industria. Y he visto, por otro lado, permanecer a aquellos que han logrado reinventarse.

Una de las grades lecciones profesionales que vivimos los que trabajamos en los medios de comunicación hispanos en Estados Unidos es ver como muchos de esos autores de los momentos estelares que tanto aplaudimos y admiramos desparecieron... o fueron perdiendo poco a poco el interés de la gente. Pero lo peor de todo es verlos a veces hablando una y otra vez con nostalgia del pasado, como si el presente no existiera. Y el futuro menos.

En este mundo actual hay que evolucionar, reinventarse usando toda la sabiduría que nos da la experiencia para ver qué es lo que realmente funciona.

Quedarse trabado en el pasado pone en peligro tu futuro. El pasado lo único que debe dejarnos es aprendizaje y experiencia que podamos aplicar, pero no podemos mirarlo siempre con nostalgia y compararlo con el presente. Y eso aplica a todos los sectores de la vida: el amor, la riqueza, el éxito... Si ya no los tienes, pues ponte de pie, remángate la camisa e invéntate una nueva manera de conseguirlos. Pero bajo ningún punto de vista puedes quedarte paralizado celebrando aquello que ya no está. Eso te impedirá acercarte a un nuevo momento estelar.

Y termino este capítulo con un ejemplo claro de lo que te estoy diciendo: los que hemos sido proveedores de contenido, por ejemplo, tenemos que aceptar que allá afuera, en el mundo digital, hay cientos de muchachos menores de 30 años haciendo lo que a nosotros los mayores nos parecen tonterías en YouTube, pero ganando millones de seguidores... y de dólares.

Esos jóvenes aparentemente entraron sin ninguna dificultad, se abrieron paso entre la multitud y se coronaron como reyes, convirtiéndose además en *influencers*. Todo en ellos es tan orgánico que ni cuenta te das cuando un producto los patrocina..., aunque termines de ver el video o el *post* y corras a comprarlo.

Hay que investigar qué fue lo que les funcionó en vez de seguir criticándolos y de seguir insistiendo en que antes, cuando no había social media, existía más control de calidad. No podemos seguir quejándonos de que las Kardashian se volvieron millonarias sin hacer nada y nosotros, con tanto talento y trabajando 12 horas al día, no salimos de pobre.

Pero esos millonarios instantáneos y las redes sociales que los llevaron a vivir su momento estelar, merecen un capítulo aparte.

"Si haces la lista de las cosas que tienes que hacer durante el día, agrégale tres que ya hayas logrado. Todo eso es beneficioso, porque el cerebro acelera su proceso cuando ve que ya hay éxito".

"La consecuencia de vivir el momento estelar debe ser, además del servicio que estás prestando, la felicidad de poder vivirlo. De nada vale llegar a ese momento estelar y que no lo puedas disfrutar".

"Parte de las nuevas responsabilidades que he adquirido con mi vida es quererme más. Y por eso ahora trato de comer más saludablemente y me he prometido que, cuando este segundo libro esté en las librerías, estaré flaca y feliz para celebrarlo".

"En este mundo actual hay que evolucionar, reinventarse usando toda la sabiduría que nos da la experiencia para ver qué es lo que realmente funciona".

**@luzmadoria**

# 6

## SÍ, LO ACEPTO.

## Caí en la Red

## Y ME GUSTÓ

> "Nada influye más en la gente
> que la recomendación de un amigo
> en quien confía".
>
> Mark Zuckerberg

La discusión estaba servida en nuestro salón de juntas: "Las redes sociales son puro chisme", decían unos. "Eso es para gente que se cree famosa y publica todo lo que hace", decían otros.

"Las redes sociales aíslan", fue la conclusión.

Yo no estoy de acuerdo con eso.

Las redes sociales son exactamente lo que tú hagas con ellas. Empezando porque tú decides si las haces públicas o no.

Tú decides a quién bloqueas o no.

Y tú decides a quién sigues o no.

Cuando llegué a Bogotá a presentar *La mujer de mis sueños*, me preguntaron qué era lo que más me había gustado de ser escritora. Les respondí, bromeando, que el Nobel de Literatura Gabriel García Márquez no había tenido el privilegio que tenemos hoy los escritores: comunicarse con sus lectores en tiempo real a través de las redes sociales.

En Bogotá, por ejemplo, pude conocer a muchos de mis seguidores que ya habían leído el libro y querían conversarlo en persona. Recuerdo que llegué al supermercado Carulla, donde íbamos a hacer una de las presentaciones del libro, y ahí estaban esas caras conocidas de mis amigos de Instagram preguntándome por todo lo que habían visto en mis redes.

Como si nos conociéramos de toda la vida. Y eso, para mí, no tiene precio.

Esa misma noche fui a otra presentación, esta vez con las integrantes de Wikimujeres, un grupo creado por Geri Pomato, una argentina que se mudó a vivir a Bogotá y tuvo la brillante idea de unir las fuerzas y voces de mujeres en Facebook para discutir y analizar desde lo más profundo hasta lo más superficial.

Gracias a su idea, ya hay más de 40 mil mujeres unidas en el mundo a través de esa plataforma. Esa noche en Bogotá, tuve un encuentro a corazón abierto sobre *La mujer de mis sueños* con todas las wikimujeres que querían convertirse en lo que sueñan, cara a cara y vía internet. La editorial se encargó de pasarles el libro y ellas lo consideraron digno de esta reunión, por lo cual siempre estaré agradecida. Son tan influyentes que hubieran podido no aceptarlo, y nunca hubiéramos tenido el encuentro.

Algo parecido me pasa en todas las ciudades adonde llego y es, insisto, gracias a las redes sociales. Somos como una cadena de amigos que formamos este club en el que decidimos tener buena vibra, ser positivos, empoderarnos y darnos fuerza para seguir luchando por lo que queremos hacer realidad.

Las redes sociales se convirtieron para mí en un gran instrumento para alcanzar mis sueños. Tengo muy claro que las uso para dos cosas: servir y entretener. Y que nadie cuente conmigo para echar pullas, crear chismes o armar escándalo.

## Si usted hace esto, yo a usted no lo respeto

El lado malo de las redes es culpa de los que deciden no vivir su momento estelar, atrasarse espiritualmente y agregar odio a la vida miserable que ya tienen en vez de construir una vida mejor.

En la Semana Santa del 2018, decidí escribir una columna para el *Diario NY* y *La Opinión* de Los Ángeles en la que analizaba cómo más de 2000 años después seguimos crucificando personas. Y lo podemos leer al instante en los comentarios que la gente pone en las redes sociales.

A las figuras públicas, por ejemplo, las azotan hasta sacarles sangre. Las hieren sin compasión. Se burlan de su físico. De sus hijos. Les dicen brutas. Prostitutas. Y ni siquiera las conocen.

Francisca Lachapel, una de las presentadoras de *Despierta América*, cuenta en su libro *Una reina como tú* —y lo he vivido yo por ser su jefa— que le han dicho que por fea debiera matarse.

Si, leíste bien: le han aconsejado que se mate.

No me cabe la menor duda de que una persona que escribe eso debe tener una vida absolutamente miserable.

También sé que las figuras públicas, precisamente por serlo, están expuestas a las críticas. Pero mientras les otorguemos a los perversos la libertad de expresarse, seguirán haciendo daño.

Fíjense bien. Los *haters,* como les dicen, casi nunca tienen cuentas públicas ni usan su nombre real, y mucho menos una foto de perfil verdadera.

Entonces, yo no los respeto. Ni les doy espacio para que se desahoguen.

Conmigo no cuenten para facilitar la libertad de expresión a los malvados.

Propongo bloquear la maldad. Borrar los comentarios que hieren sin compasión y sacan sangre. Propongo censurar a los que se burlan de la fealdad de los niños y a los que insultan la inteligencia de los grandes.

Basta ya de dejar comentarios que han llevado a adolescentes al suicidio.

Yo me quedo con las redes que construyen, que inspiran, enseñan, hacen más llevadera la soledad y dan trabajo. Y es que, debido a ellas, ha surgido una nueva profesión para muchos. Una profesión, por cierto, que los ha convertido a muchos de ellos en ricos y famosos.

Conozco a varios que, gracias a las redes sociales, están viviendo su momento estelar. Y tengo que reconocer que a los profesionales de la comunicación de mi generación nos cuesta un poco aceptar que con un contenido tan sencillo se pueda llegar a tantos millones de personas con éxito. Pero es la realidad y hay que aceptarla. Aunque como buena "controladoria" que me llaman siempre tendré la esperanza de mejorarla.

## Profesión: *youtuber* millonario

Un artículo de la revista *Bussiness Insider* publicó la lista de los 10 *youtubers* mejor pagados del 2017 y espero que estés en una silla mientras lees esto para que no te caigas cuando veas las cifras:

Lili Singh ganó 10.5 millones de dólares produciendo *sketches* y videos musicales para su canal de Youtube Superwoman, que cuenta con 12.7 millones de seguidores. Lo que poca gente sabe es que sufría de depresión y comenzó a hacer esto para salir de ella. Esa salida la volvió millonaria.

Ryan ToysReviews, en el que el protagonista es Ryan, un niño de 6 años, ganó 11 millones de dólares presentando y calificando juguetes nuevos. Smosh, un dúo formado por Ian Hecox y Anthony Padilla, ganó 11 millones de dólares haciendo parodias. El canal Dude Perfect, de los mellizos Cory y Coby Cotton, y tres amigos más del colegio, ganó 14 millones de dólares haciendo comedia y trucos deportivos.

Lina Cáceres es una de esas jóvenes que pueden decir que se reinventó gracias al poder de las redes sociales.

Productora de *La Tijera*, programa que produje en TeleFutura, hoy es la cabeza del Departamento Digital de LatinWe (empresa de Sofía Vergara y Luis Balaguer), donde maneja Raze, la gran plataforma digital que reúne a los *influencers* más populares.

Lina es hoy la mánager latina de *youtubers* más reconocida. Es casi tan popular como ellos y vive montada en un avión acompañándolos por el mundo. Esto es lo que me contó:

Me apasiona trabajar con *youtubers*, porque ellos me hicieron reinventar. Luego de tener una experiencia de 12 años en TV y una carrera sólida en Colombia que empezaba a consolidar aquí en USA, ellos llegaron a mi vida. La manera en la que tú construyes las historias para la audiencia está cambiando y hay un potencial gigantesco en la audiencia del internet que en TV no la tenías. Así que no tuve opción: o aprendes, te reinventas aplicando los conocimientos de la industria que traes y conquistas esta audiencia o sigues el mismo camino. Creo que la base de todo el conocimiento digital que tengo la he aprendido de ellos. Pero sin duda, la enseñanza más grande es ese impresionante espíritu *entrepreneur* con el que vienen programados. Mientras yo tenía en mi mente estudiar mi carrera, conseguir un buen trabajo, trabajar para un gran *show*, ser exitosa y jubilarme... Ellos, de 17 años, llegaron y me hablaron de sus sueños (que a mí me sonaban bastante ambiciosos) y cómo querían cumplirlos: a través de su trabajo de crear contenido, siendo ellos sus propios jefes, trabajando a su ritmo, bajo sus parámetros y con un espíritu nómada de querer explorar cada rincón del mundo. Obviamente, por su edad tienen cero miedo a tomar riesgos y explorar...

Este ha sido un proceso de mucho aprendizaje. Literalmente fue un cambio de chip total, y eso fue lo que me ayudó a entender el mundo de ellos, porque sabía que ellos venían a ser parte de la industria del entretenimiento a la que pertenecemos nosotros y que definitivamente eran dos mundos diferentes, que en el momento en que empecé, no había como hacerlos interactuar. Eran como el agua y el aceite, pero en el fondo sabía que en algún momento iban a tener que convivir.

Las redes sociales se han convertido en un terreno abonado en el que se puede ganar mucho dinero. Si una marca considera que eres alguien que influye en sus seguidores, te pueden pagar desde 500 hasta 20 mil dólares.

Es la riqueza y la popularidad al alcance de su teléfono.

Las historias de estos *influencers* pueden ser motivadoras, cómicas, de belleza, aventuras o de moda. Lo importante es que diviertas o te crean. De pronto, y gracias a la tecnología, estos chicos pasaron de ser jóvenes anónimos llenos de sueños a ser reconocidos personajes que viven su momento estelar.

Sebastián Villalobos, un *youtuber* colombiano con más de 6 millones de seguidores, a quien Lina maneja, es el mejor ejemplo. Sebas dio el salto de digital a televisión cuando Univision lo contrató para ser el encargado de redes sociales del programa *Pequeños Gigantes*.

El momento estelar de Sebas ha sido el resultado del gran trabajo que hace. Es un *workaholic*: siempre está pensando

en nuevas ideas. Otro gran elemento es su humildad, el aceptar que, por más millones de seguidores que tenga, no se las
sabe todas, y por eso escucha los consejos de los demás. Saber controlar su ansiedad de querer hacer todo ya mismo y
aprender a hacer las cosas paso a paso, sumándole también
su carisma y el gran amor que le pone a todo lo que hace, lo
convierten en un verdadero triunfador.

## Un fracaso que dio paso a un momento estelar

En uno de mis viajes a Santo Domingo conocí a Glency Feliz, una
*influencer* que le hace honor a su apellido, porque a pesar de que no
ha tenido una vida fácil, la sonrisa nunca desaparece de su cara.

Glency ha trabajado en la tele como productora y como talento, ha trabajado en la radio y, sin embargo, es en las redes sociales
donde está viviendo su momento estelar como bloguera de moda
y belleza. Coincidimos en las conferencias de "Days to Shine", en
Santo Domingo, y a la de ella asistieron más de 1 000 personas.

Las redes sociales me recibieron por casualidad. Mi entrada
a las redes fue a raíz de un gran fracaso que tuve. Mi *show* de
la TV, donde había invertido todo mi dinero, se fue a la quie-
bra. Me hacía sentir mal que todo el mundo supiera que ese
*show* donde yo era talento y luego productora ejecutiva, había
fracasado. Se me juntó todo, porque luego falleció mi mamá y
me quedé en el aire. Me puse a trabajar en la tienda que tenía.
Hasta que ahorré, la saqué de mi casa y la puse en un local.

A Glency todo el mundo le preguntaba siempre por la ropa que traía puesta. Pero ella, enfocada en su trabajo, no le ponía mucha atención a eso.

"Un día, subí un *look of the day* (el estilo del día) y los seguidores que tenía me preguntaron dónde lo había comprado. Durante un año completo los seguí poniendo y eso fue el comienzo de lo que se convirtieron en lo que ahora son mis redes sociales".

Glency hoy se enfrenta a su miedo de montar en avión (nos damos fuerza cada vez que viajamos) con el mismo valor con que vive su momento estelar en las redes sociales como *influencer* y bloguera de moda. Su historia me encanta porque inspira. Y te la dejo aquí en este libro por si, al igual que ella, tú estas viviendo un momento opaco en tu vida, recuerdes que de esos momentos difíciles pueden salir maravillosas oportunidades.

Después de aquel día en que coincidimos con nuestras charlas en "Days to Shine", en Santo Domingo, y ella brilló como la gran estrella que es delante de aquellas mil personas que le aplaudían su historia, pensé en lo orgullosa que debe estar su mamá en el cielo.

## Mi enredada historia de amor...

Yo confieso que caí en la red y me gustó. Y el primero que me enamoró fue Twitter. Me parecía fascinante enterarme de todo en unas pocas frases y tener la oportunidad de navegar por los portales que me ponían al día. A eso agrégale que los que trabajamos con famosos nos empezamos a dar banquetes con sus opiniones al instante. Seguir a presidentes, estrellas de cine, al papa o al ex, ya son suficientes razones para que las redes nos envuelvan con éxito.

Enterarnos de las noticias al instante se vuelve una adicción.

El problema comenzó cuando, después de Twitter, llegaron Instagram y sus *Instastories*, Snapchat, la presión de la gente pidiéndote amistad en Facebook, y es ahí donde las redes nos envolvieron y les cedimos amablemente el tiempo de nuestros sueños por cumplir.

Es inaceptable, y lee esto como un regaño cariñoso, que perdamos tiempo valioso viendo fotos o leyendo *tweets,* cuando podemos usar ese mismo tiempo para acercarnos a nuestros momentos estelares. Es muy importante que podamos dosificar los minutos que le dedicamos a las redes y sepamos cuándo parar (y, sobre todo, reconocer cuándo estamos perdiendo el tiempo).

Yo conozco bien ambas caras de la moneda. Las redes sociales son las cerezas en el pastel de cualquier periodista o productor de televisión. El poder que tienen de mantenernos informados es súper valioso. Pero nada de eso justifica que dejemos de hacer cosas productivas y pasemos todo el tiempo leyendo comentarios, comentado y mirando fotos.

Y te lo digo porque a mí misma me pasa. Me he descubierto tomando recreos en redes sociales mientras escribo este libro y, cuando miro el reloj, puede haber pasado hasta media hora que dejé de dedicarle al libro. Eso no puede pasar con frecuencia. Porque eso le quita tiempo valioso a la realización de los proyectos que nos llevarán a vivir nuestro momento estelar.

El lado positivo es gigantesco. A mí las redes sociales me han dejado grandes regalos. He conocido personas maravillosas. Y los lectores de *La mujer de mis sueños* han convertido a Instagram en la plataforma en la que suben las fotos del libro, enfatizan lo que más les ha servido y así, de uno en uno, el mensaje se ha ido retransmitiendo. Y eso siempre se quedará en mi corazón como la mejor manera que tuvo el universo de buscarme cómplices para mi sueño.

A mí me han permitido seguir transmitiendo el mensaje de empoderamiento e inspiración que quiero dejar. Y es precisamente gracias a los comentarios que leo y el impacto que puede tener una sola frase de aliento en alguien, que siento la necesidad de seguir haciéndolo.

Las redes nos han permitido servir más y buscar soluciones a personas que las necesitan.

El poder de las redes sociales ha sido tan grande en mi vida de escritora, que se han creado clubes de lectura para discutir *La mujer de mis sueños*.

En Colombia, por ejemplo, he participado desde Miami en esos clubes vía *facetime* en Cali y Bogotá. La alegría de ver a esas líderes reunidas, diciendo cada una cómo les había impactado el libro, es una experiencia inigualable. Sin duda, un gran momento estelar para cualquier escritor que puede entender cómo su obra impacta la vida de alguien. Me sorprende siempre escuchar sus preguntas y comentarios sobre partes puntuales del libro. Me preguntan mucho, por ejemplo, cómo es mi relación actual con Cristina Saralegui (maravillosa), me comentan aquel consejo que me dio mi papá cuando me llevó al kínder la primera vez ("No te dejes joder nunca de nadie. Si algún niñito te molesta, tú, con este dedito, le sacas los ojos") y, sobre todo, me preguntan cómo logre ganarle la batalla al miedo (la libro todos los días haciendo solo una cosa: atreviéndome).

Como productora, me tocó vivir el nacimiento del *social media* y aplicarlo en mi *show*. *Despierta América* fue el primer programa en español en Estados Unidos en tener un segmento dedicado solo a las redes sociales. Y la manera en que comenzó es digna de ser contada.

Un día llegó a mi vida William Valdés, un chico cubano con cara de príncipe azul de Disney, actor y cantante. Mi jefe en aquel momento, Alberto Ciurana, me pidió que lo probara en el *show*. Su juventud y frescura eran tan atractivas como peligrosa era su inexperiencia ante las cámaras. Entonces, se me ocurrió colocarlo precisamente detrás de las cámaras, en medio de cables y personas pasando al estudio, y crear un rincón de *social media*. Ahí llegaban los famosos primero, se tomaban fotos en el iPad que instalamos rudimentariamente y esas fotos inmediatamente las subíamos a las redes y Willy, con su frescura, iba creando una interactividad digital que no existía en la tele. Leíamos los comentarios de los televidentes en vivo, publicábamos sus fotos y comentábamos todo lo que los famosos subían en sus cuentas.

El segmento funcionó tan bien de la mano de nuestra productora Karina Rosendo, que Willy fue no solo el primer chico de redes en la tele, sino también el primero que tuvo su cuarto de *social media* con pantallas interactivas.

## Para sobresalir en las redes...

Hoy en día, ya no solo todos los *shows* de TV tienen a un encargado de las redes sociales, sino que los estudiantes de Comunicación estudian el fenómeno del *social media* en las universidades, y medios tan importantes como Forbes analizan cuáles son las estrategias para triunfar en las redes. Estos son los mejores consejos que he leído.

1. **Sal del montón y trata de ser diferente.** En las redes triunfa el que es único. El que no se parece al otro y ofrece algo distinto.

2. **Encuentra tu especialidad.** Belleza, moda, viajes, comida... Conviértete en el que más sabe sobre eso, el que da los mejores *tips* y el que ofrece las fotos más originales. En esto de las redes vale hasta el que mejores chistes cuenta.

3. **Elige la plataforma que más te convenga.** En mi caso, Instagram es donde más le llego a la gente y a la que más tiempo le dedico.

4. **Acostumbra a tus seguidores a que les ofrecerás contenido siempre el mismo día y a la misma hora.**

5. **Crea un plan para promoverte.** Lo que no se anuncia, no se vende. Utilizar las redes para promover tus *links* entre ellas mismas siempre funciona.

6. **Únete a alguien influyente en las redes.** Pide ayuda. Entrevista a los *influencers* más populares y publícalo en tus redes. Aprende de los mejores.

7. **Estudia los movimientos de tus plataformas.** Cada una te ofrece herramientas para mejorar el enganche entre sus seguidores.

## Tal vez ese momento estelar llegue sin aplausos ni premios...

Yo admiro profundamente a las personas que toman decisiones sin miedo. O que, por lo menos, se enfrentan al miedo a diario y lo vencen. Uno de los pecados profesionales más comunes que cometemos es quedarnos en un mismo lugar trabajando durante muchos años, acomodándonos por miedo al cambio. Mariana Atencio es una joven periodista venezolana que tuvo el valor de dar el salto a trabajar en inglés en MSNBC.

La conocí cuando era parte del equipo de Noticias de Univision, y siempre se destacaba por su excelente preparación y pasión por su trabajo.

Recuerdo que cuando entrevistó a Eva Longoria durante la convención demócrata en Charlotte, NC, en el 2012, brilló tanto que le auguré un futuro estelar.

Mariana ha sabido, además, utilizar sus redes sociales de una manera brillante. Nos hace parte de su vida personal y de su trabajo. Su etiqueta o *hashtag* es #GoLikeMariana y se ha convertido en su lema de vida, porque está convencida de que la audiencia quiere ser parte de su recorrido. Y ese recorrido la llevó, orgullosamente, a ser parte de los TED Talks, plataforma inspiracional en la que expertos hablan de tecnología, educación, ciencia, motivación o creatividad.

Mariana escogió el tema "¿Qué te hace especial?" en su primera charla, y nos hizo a todos sentirnos muy orgullosos de ella porque, a pesar de su juventud, esta venezolana está muy clara en que quiere inspirar y ser recordada por su optimismo y la manera tan positiva en que ve la vida.

**¿Cómo define Mariana un momento estelar?**
Para mí un momento estelar, ya sea personal o profesional, es alcanzar una meta importante gracias a tu propio esfuerzo, aunque llegue también con un toque de suerte. Es mirar hacia atrás, analizar cómo trabajaste para lograr ese objetivo y marcar un antes y un después en tu evolución como ser humano.

La clave es no tener miedo y nunca decir que no a los retos. Aunque uno tenga miedo, debe proceder. Soy católica creyente, creo mucho en Dios, en la energía positiva, en conectar a la gente, en apoyar a la próxima generación, en la buena onda, en la buena vibra. Para llegar a un momento estelar (y ojalá tengas muchos) primero debes vencer tus temores. Enfrentarte a un jefe o a tu familia; abrir tu propio negocio; declararle tus sentimientos a una persona que quieres o atreverte a terminar una relación que no funciona, incluso si hay amor, pues no logras ver un futuro junto a esa persona. Después, debes acostumbrarte a buscar lo positivo en cada situación. Cada crisis, desde un problema laboral hasta la enfermedad o la pérdida de un ser querido, nos deja una enseñanza, y si aprendemos a recibirla sin rencores ni miedos, será una fuente de fortaleza, no un talón de Aquiles.

Además, tienes que prepararte para reconocer que estás frente a un momento estelar. No esperes aplausos o premios. Tal vez sea algo muy íntimo, que te hará sentir más grande, más seguro de ti mismo y, lo más importante: en control del rumbo de tu vida.

Mariana pensaba que su momento estelar sucedería cuando hiciera el *crossover* de la televisión en español (Univision) a la televisión en inglés (NBC).

Lo que no imaginaba, es que la firma de ese contrato tan añorado era apenas el comienzo de un arduo camino para poder demostrar que merecía la oportunidad que me habían dado. Pasé casi un año como reportera, esforzándome por hacer bien mi trabajo, y así pude destacarme brevemente en algunas coberturas cuando me atreví a mostrar un poquito de mi personalidad, aunque eso me valió críticas y reprimendas en más de una ocasión. Sin embargo, no lograba hacer algo distinto a lo que hacían mis colegas –todos nacidos y crecidos en Estados Unidos, y quienes llevaban en esto mucho más tiempo que yo–. Me di cuenta de que no iba a poder ganarles en su propio juego. A mediados de septiembre de 2017, llevaba semanas trabajando en la cobertura del huracán Harvey, en Texas, cuando un devastador terremoto azotó México. Estaba exhausta, pero no dudé un segundo en proponer el viaje a mi querido México. Tenía la certeza de que era la única reportera que podría cubrir esa noticia mostrando toda la dimensión del drama humano que vivía el país. No solo porque el español es mi primer idioma o porque he visitado México muchas veces, sino porque entiendo su cultura, porque conozco, respeto y admiro a su gente. Era la oportunidad de sensibilizar a la audiencia de habla inglesa con el sufrimiento de una comunidad con la que no se sienten identificados y que a ciertos grupos les genera rechazo por las controversias en el tema migratorio. Quizás pocos saben que, a pesar de su importancia política y cercanía geográfica, en México casi no hay presencia fija de cadenas estadounidenses. Inicialmente, mis jefes no veían un ángulo que justificara enviarme con un equipo a cubrir el desastre. Consideraban que con las imágenes y la información que llegaba por las agencias noticiosas internacionales se podía reflejar lo necesario. Yo estaba de regreso en Miami cuando vencí el miedo de llamar a la jefa en Nueva York para insistirle que debíamos cubrir esa catástrofe y que yo era la persona indicada.

La mañana siguiente llegué a la oficina con mis maletas empacadas y pasaporte en mano. Seguí llamando y justificando mi propuesta con datos que solo alguien que hablara español y tuviese los contactos que yo había cultivado por tantos años podía obtener. A mediodía, por fin recibí la llamada: "¡Te vamos a mandar a México!"

Cuando ya estuve en el terreno y presencié aquel horror —sobre todo en la escuela primaria Enrique Rébsamen, donde decenas de padres seguían desesperados tratando de rescatar a sus niños—, supe el verdadero tamaño del reto que había asumido. Ya había luchado para llegar hasta ahí, ahora tendría que hacerle justicia a las víctimas y sus familiares, dando lo mejor de mí. Pero, ¿cómo iba a darle la vuelta al tema del idioma? Ni los afectados ni las autoridades hablaban inglés. Le dije a mi productor —un estadounidense que tampoco habla español— que iba empezar a traducir en vivo. A él no le pareció muy buena idea. En el *control room* en Nueva York tampoco están acostumbrados a traducciones en vivo y les preocupaba que algo se saliera de mi control y cometiéramos algún error grave al aire. Pero cuando la cámara se encendió, me dejé guiar por el instinto y me encomendé a Dios. Todo fluyó de forma natural. Las emociones no necesitan traducción y la respuesta del público no se hizo esperar. Los jefes rápidamente se dieron cuenta de que era la única manera de sacar a la luz aquellas voces, que en su esencia básica son iguales en cualquier parte del mundo. El lenguaje del dolor es universal. Durante días estuvimos transmitiendo en inglés y español para MSNBC desde los escombros. Transmitimos en vivo durante varias horas seguidas desde un país extranjero. Algo que, según me contaron después, nunca se había hecho en la televisión en inglés. Dicen que el presidente de MSNBC, Phil Griffin, gritaba con pasión desde su oficina en 30 Rockefeller que aquello había sido un momento que había definido mi carrera. Ese fue mi momento estelar.

### ¿Qué haces cuando sientes miedo?

Pienso en todo lo que he tenido que enfrentar como inmigrante: salir de mi país, despedirme de mi familia y amigos. En fin, empezar de cero... Y me digo que si pude migrar y encontrar un espacio para crecer, no hay nada que no pueda lograr.

También hablo mucho con mi mentora (les sugiero que busquen a alguien que admiren en su industria o en su vida que pueda mirarlos desde afuera y orientarlos) tratando de entender la raíz de mis miedos. Juntas hacemos un plan de acción para vencerlos. Soy fiel creyente de lo que llaman en inglés *overprepare*, o sea, prepárate todo lo que puedas. No hay conocimiento inútil. Todo nos ayuda a estar mejor informados. Luego, estudio los distintos escenarios que podrían suceder, como si fuese una serie de televisión. No te lances sin paracaídas. Espera lo mejor, pero prepárate para lo peor. Finalmente, rezo mucho y, desde que falleció mi papá, le pido que me dé fuerzas para enfrentar la situación.

### ¿Qué ha sido lo más difícil de trabajar en el mercado anglo?

Al comienzo, el reto es no perder tu identidad. Muchos te van a decir que luces y suenas diferente. Van a tratar de adaptarte al molde que conocen. Pero con el tiempo aprendes que no tiene sentido tratar de encajar en un cuadrito donde no cabes.

[Mariana aconseja celebrar lo que nos hace diferentes, siempre de una manera respetuosa y razonable.] Pero con mucha conciencia de que hay generaciones de jóvenes de otras razas y orígenes que, como yo, aspiran a llegar a donde estoy, y que por ellos debo reflejar mi personalidad, para inspirarlos a hacer lo mismo. Otro gran reto es que reconozcan el valor de nuestras historias y los aportes de nuestra comunidad. Muchas veces, en la oficina de 30 Rockefeller, en Nueva York, soy la única latina en las reuniones y en la sala de redacción de MSNBC. Cuando he propuesto temas hispanos, como la situación de los *dreamers*, he sentido rechazo y hasta he recibido comentarios como: "No vamos a cubrir la misma 'telenovela' una y otra vez".

Pero hay que seguir abriendo camino para los que vienen detrás. Como conté con el caso del terremoto en México, es una pelea constante para comunicar la importancia de los temas latinos en la televisión anglo.

Y a todos los que sueñan con vivir su momento estelar en el mercado anglo, aquí están los 5 consejos que Mariana te da:

1. **No tengas miedo de tu nivel de inglés.** *Practice makes perfect*, como dicen. Practica mucho y darás con tu estilo, y hasta le encontrarás la gracia a tu acento (¡mira lo que hizo Sofía Vergara!). Además, ya no necesitas una cámara de televisión para practicar. Yo comencé haciendo *livestreams* largos y obligándome a hacerlos en inglés en mis propias redes sociales. Haz tus videos y concéntrate en mejorar.

2. **Prepárate para trabajar mucho y volver a empezar las veces que sea necesario.** Luego de cinco años en Univision, cuando por fin comenzaba a perfilarme como presentadora suplente, tanto en *Despierta América* como en el *Noticiero*

*Univision,* decidí dar el paso a inglés y tuve que empezar de nuevo como corresponsal, viviendo de una maleta y dejando a un lado la comodidad de la vida profesional más estable que me había ganado en español. Pero estaba convencida de que ese sacrificio valdría la pena, y hoy puedo asegurar que así fue.

3. **Busca temas en los que puedas convertirte en experto y desarrolla esa ventaja competitiva.** Piensa en aquello que tú dominas mejor que los demás. Investiga y aprende todo lo que puedas al respecto y, si no naciste o te criaste en Estados Unidos, estudia la historia y la política del país (yo recibo clases con un profesor). La combinación de esos conocimientos únicos y el marco de referencia del país en que trabajas te harán brillar.

4. **Acércate a profesionales que conozcan los dos mercados.** En mi caso, he identificado a personalidades como María Elena Salinas, José Díaz-Balart, María Hinojosa y Teresa Rodríguez. Me he propuesto aprender de sus trayectorias y pedirles consejos. Gracias a Dios han sido muy generosos y me han ayudado muchísimo. Hoy en día, con las redes sociales, es más fácil hacer el contacto con esos posibles aliados. ¡Todos están a un *tweet* o DM de distancia! También me ha sido útil acercarme a figuras de otras comunidades que tienen experiencias de inmigración o como parte de una minoría, similares a las mías. En MSNBC, converso con el presentador canadiense de ascendencia hindú Ali Velshi y con la afamada periodista afroamericana Joy Reid.

5. **Sal a buscar oportunidades.** No cambies tu identidad. No te preocupes porque tu nombre sea difícil de pronunciar o porque vienes de un país que tus compañeros no conocen.

Usa esa fuente de diversidad como algo interesante para compartir. Eso te hace resaltar del montón.

## Cuando Thalía y Bergdorf Goodman te descubren por Instagram

Estoy segura de que existe una generación convencida de que vino al mundo a cumplir los sueños de los demás y no los propios. Lo digo porque conozco a muchas personas que empujan a todos a acercarse a esas metas y las de ellas las guardan bajo llave.

Karina Rosendo era una de esas personas. Esta venezolana linda, buena persona y creativa llegó de CNN a mi vida, a *Escándalo TV*, y se convirtió en una de mis mejores productoras. Tanto, que cuando salí de *Escandalo TV* se lo dejé a ella. Karina se casó con José María, el gran amor de su vida, y rápidamente planeó que su sueño de tener una familia se convertiría en una hermosa realidad.

Y de pronto, el sueño se convirtió para todos en una pesadilla. Karina nos dio la noticia de que su cuerpo no estaba listo para ser mamá. Y nos partió el corazón.

Pero, rápidamente, ella nos contagió su valor y su optimismo.

Empezó a someterse a un sinfín de tratamientos dolorosos y costosos. Ella, que es la mujer más organizada que conozco, ahorró lo suficiente para repetirlos sin suerte. Y nunca, nunca, nunca la vi resentida con la vida.

Cuando yo llegué a *Despierta América*, Karina regresó conmigo como productora de redes sociales. Ya te conté que fuimos pioneros en la televisión hispana en tener una sección de *social media*, y eso se lo debemos a Karina, a quien, a pesar de sus procesos difíciles, nunca se le vio triste ni descuidando su trabajo.

Kari se secó las lágrimas y siguió siempre hacia adelante. Un día, entró a mi oficina y me dijo que dejaría de intentarlo por un tiempo y que se iba a dedicar a relajarse.

(Y aquí hago un paréntesis para recordarte a ti que estás pasando quizás por un proceso largo y complicado hacia tu momento estelar, que te des tiempo para ti. Que no te olvides ni te descuides. Si te desmoronas y te enfermas, no serás tú quien llegue a vivirlo).

En el camino largo y difícil que Karina recorrió para ser mamá, dejó guardados bajo llave sus otros sueños. Solo se enfocó en ese bebé que todos le pedíamos a Dios para ella. Cuando yo la veía siempre emocionada en algún proyecto de producción, me daba doble emoción, porque sabía que sus propios proyectos, como aquella línea de carteras que siempre ha querido, los había pospuesto.

Un día me propuso irse a Nueva York a cubrir la semana de la moda con Andrea Chediak, la reportera de moda de *Despierta América*. Andrea, otra venezolana chispeante y valiente, hizo muy buena liga con Karina y, después de esa semana, pasaron de ser colegas a ser grandes amigas.

Después, en un proyecto en el que trabajamos en Roma, en el que ella preprodujo muy buena parte de la Semana Santa, me pidió no viajar porque justo esa semana coincidía con los días en que le harían un tratamiento *in vitro*. De más esta decir que no hubo una sola iglesia en Roma donde nuestra colega Linnet Martínez y yo no dejáramos ese deseo pedido.

Y el tratamiento funcionó.

Kari estaba embarazada.

La noticia nos hizo volver a creer en los milagros. Esta vez el cuerpo de Karina estaba listo para ser mamá.

Vimos crecer esa barriga como si fuera nuestra. Kari no dejó de trabajar ni un solo día. Y su sonrisa tampoco dejó de acompañarla. Hoy José María júnior es el bebé más hermoso y alegre, y Karina la mamá más agradecida, feliz y realizada.

Y ser mamá la volvió valiente. Karina se asoció con Andrea y juntas crearon Stitch Lab, una plataforma incubadora de nuevos talentos de la moda, que apoya a diseñadores noveles, los conecta, empodera y capacita.

"Cuando cumplí mi sueño de ser mamá, me atreví a luchar por mis otros sueños. Eso era lo único que necesitaba", me dijo Karina mientras yo escribía este libro, y por eso decidí incluir su historia.

Esa noche que le escuché esa frase, volví a sentir que el universo se encarga de adornar el camino hacia nuestro momento estelar. Si no, cómo se explica que Karina y Andrea me hayan pedido que las ayudara en la producción de entrevistas para su primer panel de Stitch Lab en Miami y, justamente por ellas, haya conocido a dos diseñadoras que vivieron sus momentos estelares gracias a las redes sociales, el capítulo que estoy escribiendo.

Me emocionó mucho saber que a Ximena Kavalekas, diseñadora ecuatoriana de carteras, la descubrió la prestigiosa tienda Bergdorf Goodman por Instagram y hoy sus creaciones las venden allí. Y a la diseñadora dominicana Gianinna Azar la descubrió Thalía, también por Instagram, y después de que la estrella mexicana lució sus diseños, los han lucido Jennifer Lopez y Gwen Stefani.

Estoy segura de que estas dos diseñadoras inspirarán a muchas más gracias a la idea de Karina y Andrea de unir fuerzas para lograr que nuevos artistas alcancen sus sueños. Lo que quizás nunca sepan esos jóvenes es que gracias a José María júnior, un muñequito rubio y feliz que vino a cumplir el sueño de Karina de convertirse en mamá y la volvió mucho más valiente, muchos más jóvenes lograrán vivir su momento estelar.

# Coméntalo en las redes

"Las redes sociales se convirtieron para mí en un gran instrumento para alcanzar mis sueños. Tengo muy claro que las uso para dos cosas: servir y entretener. Y que nadie cuente conmigo para echar pullas, crear chismes o armar escándalo".

"Uno de los pecados profesionales más comunes que cometemos es quedarnos en un mismo lugar trabajando durante muchos años, acomodándonos por miedo al cambio".

"Propongo bloquear la maldad en redes sociales. Borrar los comentarios que hieren sin compasión y sacan sangre".

"Propongo censurar a los que se burlan de la fealdad de los niños y a los que insultan la inteligencia de los grandes. Basta ya de dejar comentarios que han llevado a adolescentes al suicidio".

**@luzmadoria**

# 7

# EL DESTINO: A VECES PIENSO

## que así se

# LLAMA DIOS

> "No es cierto que la gente deje de perseguir los sueños porque se hacen viejos, se hacen viejos porque dejan de perseguir los sueños".
>
> GABRIEL GARCÍA MÁRQUEZ

El que es inmigrante sabe lo que se siente.

Sabe que no hay muchas palabras que logren describir ese momento en que chocan pasado y presente y la magia de la nostalgia los envuelve.

Eso que se siente cuando la vida lo devuelve a uno a su tierra.

A las mismas calles por donde caminaste una vez con ilusión y miedo. Bajo el mismo cielo que una vez miraste con ambición y dudas.

El destino, que quiero creer que es uno de los nombres de Dios, me permitió pasar la Navidad del 2016 en Cartagena y regresar con *La mujer de mis sueños* en la mano.

La primera visita fue a la tumba de mi papá.

Y aunque aquella noche del lanzamiento del libro en Miami me vestí toda de blanco, como siempre se vestía él de pies a cabeza, para honrarlo y sentir que estaba allí conmigo, llevarle el libro a su tumba era como cumplir con una responsabilidad divina.

Mi papá descansa en paz en la iglesia de Bocagrande, en Cartagena, frente al mar que tanto respetaba. Allí, detrás del altar de la iglesia, al final de un pasillito estrecho que termina con una ventana que da a un jardín, hay una lápida de mármol en la que se lee en letras negras: **Jairo Doria Torralvo**.

"Aquí lo tienes, papi. Lo logré", le dije, con *La mujer de mis sueños* en una mano, mientras que con la otra acariciaba cada letra de su nombre sobre el mármol. Después de darle un beso a la lápida fría y tomarle una foto al libro con la tumba de fondo (foto, por cierto, que nadie ha visto), me fui a recorrer las calles de mi tierra.

Volver al lugar donde empezaste a soñar es como pasar un examen de vida. Y es ahí, en ese momento exacto, cuando descubres cuánto has vivido, cuánto has cumplido y cuánto te falta.

Una sonrisa mirando al cielo es la mejor calificación que puede sacar en ese examen…

En ese diciembre en Cartagena, viví un momento de esos que lo dejan a uno convencido de que el universo se encarga de crear momentos irrepetibles e inolvidables en nuestro destino para cerrar ciclos.

Mejor dicho: para que a uno le quede muy claro que los planes del universo siempre superan a los nuestros.

Mi agente literaria, Aleyso Bridger, me llamó emocionada para contarme que el alcalde de Cartagena me daría una condecoración aprovechando que yo estaba de visita en la ciudad, pero que el evento no sería en la alcaldía.

"Será en la Casa Surtigas a las 10 de la mañana, después de que el gobernador te reciba en la gobernación a las 8:30", me dijo Aleyso.

Nunca, ni siquiera en mis sueños más locos, me hubiera imaginado lo que iba a pasar allí.

Confieso que no soy muy amiga de los premios ni de los reconocimientos. Siempre pienso que hay alguien que se los merece más. Y los premios no acabo de entenderlos. Nunca entenderé, por ejemplo, por qué Luis Fonsi no se ganó el Grammy por "Despacito" o cómo el escritor Jorge Luis Borges se murió sin el Nobel de Literatura. O Stephen Hawking sin el Nobel de Física.

Pero en el caso de los reconocimientos del alcalde y del gobernador en Cartagena, había dos razones nostálgicas para aceptarlos.

Una, pensar que mi papá, que debe vivir en el mismo cielo de Cartagena y que amaba tanto esa ciudad donde yo nací, hubiera disfrutado mucho en vida ese momento. La otra, que mi mamá estaría allí presente para ser testigo de lo que mi ciudad me regalaba 35 años después de haberme ido.

Eso me emocionaba también que lo vivieran mi hija y mi esposo, para quienes todo aquello era completamente nuevo.

Fue una mañana muy emotiva, que llegó a su momento cumbre cuando la Casa Surtigas, donde me recibiría el alcalde, resultó ser nada menos que el colegio donde estudié toda mi vida y que, 35 años después, ya nadie recordaba como aquel Colegio El Carmelo desde donde salí de Cartagena un día graduada a buscar mis sueños en Estados Unidos.

Esa casualidad, "dioscidencia", o como quieran llamarla, era muy difícil de creer. Porque además, nadie lo sabía. Lo que hubiera podido ser una muy buena estrategia de producción para cualquier programa de televisión tuvo aquí a una sola persona emocionada, que fui yo, porque yo era la única que sabía que me habían citado en el edificio del que fue mi propio colegio.

Cuando llegué al frente de aquella casa vieja y señorial en el barrio El Cabrero, vecina de la casa de Rafael Núñez, el único presidente de Colombia que ha gobernado desde Cartagena, me bajé del carro y caminé hacia la puerta principal mientras mi memoria iba descargando miles de recuerdos a mi corazón.

El patacón con queso con la Kola Román en el recreo.

El intento fallido de aquellas monjitas de las montañas de Colombia tratando de imponer disciplina entre aquellas jovencitas costeñas y alborotadas.

La izada de la bandera en ese patio caluroso donde nos ponían en fila a todas y que, 35 años después, se veía mucho más pequeño de lo que yo lo recordaba....

La brisita del mar…

La casa seguía intacta, como si hubiera salido de clase la tarde anterior. Recorrí junto a mi hija cada salón y subí con ella por las mismas escaleras en las que una vez me oriné de risa. Recordé que la culpa la tuvo una travesura muy divertida que se nos ocurrió a mi amiga Sandra Ochoa y a mí cuando decidimos amarrarnos los cordones de los 4 tenis, los de ella y los míos, sin sospechar que a la mala suerte no le gusta divertirse y una profesora agria y gritona nos descubrió en pleno enredo de cordones…

Y de la risa, o tal vez del susto, pues me oriné.

Ese día, en aquel mismo lugar donde tantas veces le tuve miedo al futuro, el alcalde de Cartagena me entregó una medalla de esas que honran a los hijos buenos de los que se sienten orgullosas las ciudades.

Lloré mucho y, entre lágrimas, les recordé a todos los que estaban allí las veces que yo había caminado esos mismos pasillos llena de sueños grandiosos y de miedos ridículos. Hoy, Dios había cerrado el círculo de la manera más maravillosa. Devolviéndome, con *La mujer de mis sueños* y 30 años de experiencia profesional, al mismo lugar donde aquella cartagenera feíta, flacuchenta (sí, alguna vez también lo fui), tímida y miedosa dudó que viviría su momento estelar.

La gran lección de ese día para mi hija Dominique, que apenas empieza a recorrer el camino, es que no se ponga barreras, que su vida será el resultado de aquello en que se enfoque, que la vida se parece a lo que soñamos si nos preparamos y salimos a trabajar por esos sueños, que el optimismo en los momentos difíciles siempre multiplicará su fuerza y que si solo ella ve ese sueño posible, no necesita más, porque pronto aparecerán esos puentes que necesita para llegar hacia él.

Cuando salimos de allí, me tomé una foto con Dominique en la puerta de mi colegio y miré al cielo con una sonrisa.

Sentí que ese examen de vida lo había pasado con honores.

Una semana después, cuando tomé el avión para regresar a Miami, le di gracias a mi Cartagena de Indias por haber permitido que la nostalgia hiciera las paces con el presente. Me traje en el corazón la nobleza de su gente, la delicia de encontrarme intactos los sabores de mi niñez, la ilusión de volver a reírme con los amigos de siempre y la confirmación de que aquellos momentos de hace 40 años, en los que imaginaba con temor e inseguridad la vida que quería tener, me servirán siempre para regalarme la confianza de que todo lo que uno desea con fuerza se puede hacer realidad.

## Esa pista para reconocer un momento estelar...

Me contaba mi papá que su abuela enviudó la misma noche que se casó. El esposo, o sea, mi bisabuelo Doria, se cayó de una canoa en el río Sinú y se ahogó. Mi bisabuela, que siempre quiso casarse con un Doria, se casó tiempo después con otro de ellos, un hermano de mi bisabuelo.

O sea, que los Doria íbamos a existir sin importar cuál fuera el nombre del bisabuelo.

En la historia de mi mamá también hay un punto curioso e inolvidable. Ella me cuenta que su infancia fue muy pobre hasta el día que hizo su primera comunión. Minutos antes de entrar a la iglesia, mi abuelo abrió el periódico y se dio cuenta de que se había ganado la lotería. Ese día les cambió la vida. Compraron casa, carro, e invirtieron en negocios que los hicieron prosperar económicamente.

Uno de los puntos que quise investigar profundamente en este libro es el destino. ¿Lo construimos con nuestras propias decisiones o viene ya escrito? De lo que sí estoy segura es de que el universo te pone cerca de las personas que necesitas para ir cumpliendo tus sueños.

Cuando miras para atrás y saboreas ese sueño cumplido, te das cuenta de que no hubieras podido lograrlo solo. Siempre hay personas claves que hicieron lucir todo mucho más fácil. Que aparecieron de pronto para tenderte la mano y se convirtieron en tus puentes, haciéndote olvidar todos los muros con que te habías tropezado en el camino.

En mi caso, tengo que reconocer aquí, públicamente, que la generosidad de mis colegas se desbordó.

Todos me demostraron desde el principio un gran apoyo. De pronto, todas esas mujeres que me han servido a mí de inspiración se volvieron amigas de *La mujer de mis sueños*: María Antonieta Collins, Sofía Vergara, Thalía, Chiquinquirá Delgado, María Elena Salinas, Paulina Rubio, Pamela Silva, Ilia Calderón, Teresa Rodríguez, Mariana Atencio, Leila Cobo, Yuri Cordero, Patsy Loris, Viviana Gibelli, Jimena Gallego, Karla Martínez, Ana Patricia Gámez, Paula Arcila, Francisca Lachapell, Satcha Pretto, Maity Interiano, María José Barraza, Andrea Serna, Gaby Tristán, Cecilia Ramírez, entre muchas otras. Ellas, además de contagiarme con su gran generosidad, me demostraron que no estamos solas, que a todas nos revolotean en la barriga las mismas mariposas del susto, y que atrevernos a vivir nuestro momento estelar es algo que debe ser tan natural como elegir el oficio que más nos guste.

Tu momento estelar, lo quiero dejar muy claro, es ese instante en que puedes disfrutar el resultado del sueño cumplido.

Y no es una noche, ni son 5 minutos, es un proceso que, por cierto, se reconoce por la paz que produce, por el agradecimiento que sientes y que, orgánicamente, conviertes en generosidad, pues viene acompañado del deseo de utilizarlo para servir.

Leonardo DiCaprio llevaba 22 años y 6 nominaciones esperando el Óscar. Y la noche del 2016 que se lo ganó usó su discurso, sin duda el más esperado, para alertar al mundo sobre el cambio climático.

Eso es vivir un momento estelar.

Y muchas veces, esos momentos son difíciles de creer en el instante en que los estamos viviendo.

## Una cosa va llevando a la otra

Toda mi vida he sido curiosa y preguntona. Y esas dos cualidades me han llevado a ser una contadora de historias. Desde que comencé mi vida de escritora disfruto más contándolas. Y, a decir verdad, creo que hasta me pasan más cosas emocionantes y divertidas.

Gracias a *La mujer de mis sueños* de pronto empezaron a invitarme a dar conferencias. A hablarle a jóvenes soñadores y a mujeres exitosas. Durante ese primer año me enfrenté todos los meses a mis dos grandes miedos: hablar en público y montar en avión.

Me emociona contar cómo diariamente me enfrento a mis miedos y he descubierto que no estoy sola, que a mucha gente le pasa lo mismo. Cuando yo explico cómo me atreví a luchar por mis sueños, cómo perdí el miedo a brillar, y cuento cómo es la vida real de una mujer trabajadora, noto tantas caras de acuerdo con lo que digo que eso confirma mi misión, que es empoderar y servir. Creo que el miedo es el enemigo número uno del éxito, y cuando nos burlamos de él siempre salimos ganando.

He aprendido, por ejemplo, que enseñamos lo que queremos aprender. Que para ser más felices hay que ser más reales. Y para ser más reales hay que hurgar en esas partes de nuestras vidas que siempre hemos querido editar para que no vean la luz... y que nadie las note.

Aprendí que uno conecta con la gente cuando primero se conecta con uno mismo.

*La mujer de mis sueños* me enseñó que tener pasión por lo que haces y dices amplía la capacidad de impactar.

Aprendí que uno debe ser puente y no muro.

Aprendí, como me enseñó María Antonieta Collins, que en la vida no podemos jugar a ser Dios y que, en cambio, los que creemos en Él, tenemos que vivir con la fe de que sí podemos mover montañas. "Porque en el tiempo de Dios ya todos tus problemas están resueltos", me dice siempre la Collins.

Desde que soy escritora, empecé a entrar por delante a un mundo al que yo siempre había entrado por la puerta de atrás: al mundo de la promoción y de las entrevistas.

Todavía recuerdo el momento en que estaba haciendo la fila en el supermercado Publix y me encontré muy maquillada y peinada en una página de la revista *Hola*, USA, hablando del libro. La emoción la superó ver otra entrevista en *TV Y Novelas*, la misma revista donde comencé a escribir hace más de 20 años. Esto se los cuento para recordarles otra vez, y nunca me cansaré de hacerlo, que todo es posible si uno decide tomar acción.

En mi vida, de pronto se ha formado una cadena de sorpresas poderosas y muy bonitas.

Poder regresar a mi país, Colombia, de la mano de *La mujer de mis sueños* (y que, por cierto, como si fuera una señal, el agente de inmigración que me selló el pasaporte a mi llegada a Bogotá para el lanzamiento del libro se llamara Jairo, como se llamaba mi papá) y hablarles a todas esas mujeres que sentían ese mismo miedo que yo sentí un día, es una de las satisfacciones más grandes que va a tener siempre mi corazón de inmigrante.

Desde el primer día que empecé a escribir, me comprometí conmigo misma a transmitir el mensaje del libro tantas veces como fuera necesario. Por eso, nunca me niego a dar una entrevista. Por eso, trato de responder cada mensaje. Y, sobre todo, me monto en los aviones convencida de que voy a aterrizar y de que Dios está permitiendo ese viaje para que las personas que voy a conocer en mi destino se beneficien de *La mujer de mis sueños*.

Antes, cuando viajaba en avión, rezaba de principio a fin con un miedo terrible a que el avión se cayera. Hoy, rezo, leo, como Nutella, escribo, veo películas y agradezco a Dios el maravilloso regalo de permitirme cumplir mi misión en este mundo: servir.

Lo mismo me pasa antes de hablar en público. Me sudan las manos, se me olvidan las cosas, y entonces le pido a Dios que permita que mi corazón hable por mí, y así he podido dictar conferencias, servir de panelista y moderadora en charlas, ser *keynote speaker* y tener el orgullo de presentar libros de gente que admiro.

El mensaje más poderoso es cuando hablo de la fe. Para ser exitoso en la vida hay que tener fe en nosotros mismos y alimentar el alma. Y eso hay que aplicarlo en nuestro lugar de trabajo, en la vida real. Igual que vamos al gimnasio para cuidar el cuerpo y ser sanos, hay que cuidar el alma. Estoy convencida de que el universo manda señales, y si el alma está contaminada con rencor, envidia, presiones e inseguridades, habrá una interferencia para recibirlas. Mientras más paz haya en tu vida, más feliz vas a ser en todos los aspectos. Y el éxito es eso: poder hacer todo lo que te haga feliz.

*La mujer de mis sueños* ha logrado que me ocurran tantas cosas que disfruto, que siempre la mantengo visible para que me haga recordar que, si uno no hace nada, no pasa nada.

Un ejemplar del libro siempre esta al frente de mi cama. Y no es ni siquiera para acordarme del libro en sí, que ya ha sido una gran bendición en mi vida. Lo tengo visible para recordarme a mí misma todos los días que, si no hago nada, no pasa nada.

Y que, si yo no me hubiera atrevido a escribirlo, no hubiera podido vivir cosas que siempre me han gustado.

Una de ellas, por ejemplo, hacer entrevistas en vivo. La revista *People en Español* me ha invitado durante los últimos 3 años a ser moderadora de sus paneles de Poderosas y en esas entrevistas he tenido la fortuna de conocer a mujeres inigualables que me han llenado de inspiración.

Y es que en mi vida hay un antes y un después del sueño cumplido. Me cambió totalmente el ritmo, la forma y los fondos.

## Lo siento, pero yo no soy Iris Chacón...

La primera invitación nunca la voy a olvidar. Fue a Nueva York, a un evento organizado por la comunidad puertorriqueña. Recuerdo que ya en el aeropuerto de Miami fue que me di cuenta de que mi esposo y yo teníamos aeropuertos diferentes de llegada. El iría a La Guardia y yo al John F. Kennedy.

En otro momento de mi vida, quizás hubiera dicho que no viajaba, pero como estaba aprendiendo a ser mucho más positiva, le dije a mi esposo que nos encontraríamos por la noche en el hotel en Manhattan.

Él despegó a la hora prevista, mientras que a mí me bajaron del avión porque se le había dañado una llanta.

Al que no quiere caldo, se le dan tres tazas, hubiera dicho mi abuelo. Cuando me senté de nuevo en la sala de espera vi en el teléfono que había un avión en emergencia en Fort Lauderdale.

Mi compañero de silla me miró y me dijo:

"Hoy es la segunda vez que a mí me bajan de un avión".

En ese momento comencé a asustarme. Ya eran varias señales en contra de ese primer viaje. Recuerdo que le escribí a mi amigo Elnor Bracho, numerólogo, quien, por cierto, estaba aterrizando a esa hora en Los Angeles, y le expliqué todos los imprevistos que había tenido.

"Dame el número de vuelo y de silla", me dijo Elnor y acto seguido me mandó un texto:

"Viaja tranquila que nada te va a pasar."

"¿Y dónde queda tu fe?", te estarás preguntando. Mi fe me permite usar todos los recursos necesarios para calmarme.

Cuatro horas después, ya de noche, aterricé sana y salva en Nueva York, donde me esperaba un carro que me llevaría al hotel más terrorífico en el que me he hospedado en mi vida. Algo así como una casa embrujada en pleno octubre. Mi esposo, que me esperaba en el lobby, me preguntó si nos mudábamos de hotel, pero quise quedarme ahí mismo porque era el primer viaje de *La mujer de mis sueños* y la ilusión era tan grande que no quería que nada me la empañara.

Al día siguiente, llegué el lugar de la presentación y me esperaba otra sorpresa. No había mucha gente. Quizás unas 30 personas… Todas mayores de 70. Mientras los otros autores terminaban su presentación, yo trataba de organizar en mi cabeza las ideas con las que les iba a contar el proceso de creación de mi libro. Quería hablarles de cómo me enfrenté a los miedos, de mis ilusiones…, de mis sueños…, y sus cabezas blancas coronando sus pieles arrugadas me mandaban claramente el mensaje de que quedaba poco tiempo ya para enfrentar los miedos y cumplir más sueños.

De pronto, en el intermedio, comenzó un murmullo. Todos preguntaban dónde estaba Iris Chacón. La anécdota simpática era que la bomba sensual de los 80, a quien también habían invitado al evento, no pudo asistir y, en cambio, estaba yo...

"Ustedes esperaban a la Mujer del *coolant* (sobrenombre que Iris se ganó por un famoso comercial que protagonizó hablando de carros y moviendo su enorme cadera) y la que llegó fue *La mujer de mis sueños...*", les dije y una risa general me devolvió la tranquilidad.

Y en ese momento mi corazón, que siempre sale a rescatarme, me dictó aquellas palabras con las que presenté mi libro por primera vez fuera de Miami y les hablé de la necesidad de nunca dejar morir los sueños, de atreverse a hacer lo que nos gusta antes de que nos lleven de este mundo, de esa fe que hay que agarrar una y otra vez para construir, día a día, la vida que nos merecemos vivir.

Sus sonrisas me regalaron la certeza de que esa noche habían rejuvenecido.

Todos se levantaron a comprar el libro y cada uno de ellos, mientras esperaba que yo se los firmara, me iba contando lo que se iban a atrever a hacer de ahora en adelante.

"Mañana mismo empiezo clases de baile porque bailar siempre ha sido mi gran sueño", me dijo una viejita muy feliz y esa noche la que se fue bailando a dormir, rodeada de magia en aquel hotel que parecía embrujado, fui yo.

Al día siguiente, mientras volaba de regreso a Miami, se me salían las lágrimas de alegría mientras mis ojos miraban el cielo grande despejado desde la ventanita del avión. Le di las gracias a Dios por ese primer viaje y le dije que algún otro día, en otro viaje, tal vez me hospedarían en un lujoso hotel, pero que hoy esa escritora que nadie conocía se merecía ese hotel embrujado, y se merecía ese escaso público de viejitos... Porque gracias a ellos nunca iba a olvidar que el propósito era cumplir la misión de servir.

Esa noche *La mujer de mis sueños* ya había empezado a lograrlo.

## Prepárate..., porque te va a pasar

Durante todo este tiempo que he estado expuesta a entrevistas, conferencias y charlas sobre *La mujer de mis sueños*, he notado que las personas que quieren vivir su momento estelar se parecen mucho.

1. Creen que el éxito está creado por una serie consecutiva de decisiones. Siempre les digo que estar allí presentes en esa conferencia o haciendo esas preguntas ya fue, para empezar, una buena decisión.
2. Se rodean de personas positivas y aprovechan esos eventos para buscar mentores y crear lazos de unión con líderes que puedan impulsarlos profesionalmente.
3. Aprovechan las oportunidades. Son agradecidos y generosos. Creen en las señales del universo. Las notan y las aplican a su proceso creativo.
4. No tienen miedo a brillar y conocen muy bien sus fortalezas. Se preparan para ir a la guerra y ganarla. Son innovadores.
5. Están convencidos de que todo, absolutamente todo lo bueno, les puede pasar.

Y eso es precisamente lo que yo creo. Que el mundo está dividido en dos bandos. Uno es el de los que piensan que todo puede pasar. El otro, el de los pesimistas que no ven nada posible.

Yo pertenezco al primero. Al de los que siempre tienen una historia que contar. Al de los que gozan con las coincidencias. O "dioscidencias", como las llamamos los que vivimos con la fe de que cualquier cosa buena es posible.

En mis vacaciones en Italia, estaba caminando por las calles de Milán cuando me entró un mensaje directo por Instagram. Una lectora de *La mujer de mis sueños*, peruana y residente de Milán, quería que le firmara el libro. Nos citamos y se apareció con dos amigas más. Esa misma tarde, otra seguidora me escribió con la misma ilusión de que le firmara el libro que, según ella, le había cambiado la vida. Llegó con 3 más. Me contagiaron su fuerza de inmigrantes. Recuerdo que una de ellas, boliviana, empezó a llorar contando que su papá tenía cáncer y que vivía en Bolivia. Y que leer el capítulo de la muerte de mi papá le estaba doliendo mucho…

Y ahí, en medio de mis vacaciones, todas empezamos a llorar porque conocemos lo que es sufrir por alguien que está lejos. Y, dándole un abrazo, le prometí que su papá estaría en mis oraciones y le compartí lo que aprendí en aquel momento triste de mi vida. Que nuestra propia mente se encarga de multiplicar el dolor poniendo fechas de muerte que no controlamos. Porque en ese momento, yo también lo viví, preferimos pensar en lo peor en vez de aliviar el dolor con nuestra fe.

La vida nos pone momentos muy difíciles enfrente. Y cuando somos emigrantes, el dolor es mayor porque vivimos lejos de las personas que amamos. Pero ese dolor nos debe volver proactivos y no sepultarnos en el mar del desespero. ¿Cómo puedes ayudar desde lejos? La señora boliviana me contó que estaba enviándole a su papá esa medicina que no había en su país. Ya eso, le dije, justificaba la separación. Y le recordé que lo que nunca, nunca, debemos perder es la esperanza.

Otra de las anécdotas curiosas que he vivido sucedió un martes, en junio del 2017, que desperté en Tallinn, Estonia. Una ciudad fascinante al norte de Europa, como de cuento, hecha de callecitas de piedra y castillos medievales, que parece detenida en sus 1000 años de historia, pero que lleva con orgullo el crédito de haber modernizado las comunicaciones porque allí se creó el software de Skype.

Skype puso a Estonia en el mapa.

En cuanto caminé por sus calles estrechas no me pude resistir a subir una foto a Instagram. Yo, que soy la mejor amiga de las comunicaciones y de las redes sociales, quería documentar que, a pesar de mi fobia a los aviones, había vencido el miedo una vez más y había llegado muy lejos…

Pero con las redes sociales nada queda lejos.

Y esto que te voy a contar lo confirma.

Me senté a almorzar en la plaza más concurrida de la ciudad. Repleta de restaurantes y tiendas callejeras, algo así como un mercado de pulgas cerca del Báltico.

Un hervidero de gente, hubiera dicho mi abuela Mamá Tina.

De pronto, pasó algo difícil de creer. Sentí una voz femenina que gritó muy fuerte:

"Luz María Doriaaaaa".

Levanté la cabeza sorprendida y vi a mi izquierda a una mujer que, como si fuera mi amiga de toda la vida, me saludó muy feliz y me dijo: "Soy una lectora de tu libro *La mujer de mis sueños* y te sigo en Instagram. Acabo de ver que subiste una foto aquí en Tallinn y empecé a buscarte. Y mira, ¡te encontré!".

Me paré emocionada. La abracé feliz y agradecida por tanto cariño mientras ella me contaba que vivía en Orlando, Florida, y que desde que su hija le había regalado *La mujer de mis sueños* quería conocerme. Y en minutos, su hija y su esposo aparecieron como cómplices de esta "dioscidencia" que Instagram hizo posible en Estonia y nos tomamos la foto en Tallinn para que quedara constancia.

Y no me quedó la menor duda.

Desde que me atreví a despertar cada día decretando que me van a pasar cosas maravillosas, me pasan cosas maravillosas.

Y a ti, estoy segura, también te pueden pasar.

# Coméntalo en las redes

"El universo se encarga de crear momentos irrepetibles e inolvidables en nuestro destino para cerrar ciclos. Mejor dicho: para que a uno le quede muy claro que los planes del universo siempre superan a los nuestros".

"Desde que me atreví a despertar cada día decretando que me van a pasar cosas maravillosas, me pasan cosas maravillosas".

"Mientras más paz haya en tu vida, más feliz vas a ser en todos los aspectos. Y el éxito es eso: poder hacer todo lo que te haga feliz".

"El optimismo en los momentos difíciles siempre multiplicará tu fuerza".

**@luzmadoria**

# 8

# MIS PUNTOS

## suspensivos...

> "Los momentos estelares en la vida son como
> los momentos estelares en radio y televisión:
> por mucho que estén preproducidos, siempre
> hay que estar preparado para improvisar".
>
> —Paula Arcila

Yo, que era de las que siempre ponía puntos finales con facilidad, he decidido que mi vida, de ahora en adelante, siempre tendrá puntos suspensivos...

Y esos puntos suspensivos significan que una circunstancia de la vida siempre me llevará a otra mucho mejor.

Ahora le encuentro un porqué a todo lo que me sucede en el camino. Y créeme: la vida se me ha convertido en un recorrido mucho más interesante, lleno de puntos que se unen con un significado. He visto cerrar círculos y he entendido que no tengo que comprender todas las razones inmediatamente. Porque siempre, siempre, el destino, que (como te dije antes) es uno de los nombres de Dios, se encarga de mandarte la razón por la que permitió que algo no pasara en tu vida.

Te has puesto a pensar, por ejemplo: ¿Por qué la vida te alejó del que creías que era un gran amor? o ¿por qué no te dieron ese trabajo que tu querías?

Porque no era el momento.

Si lo hubiera sido, él, ella o ese trabajo no se hubieran ido y tú tampoco te hubieras alejado de ellos.

¿Cuántas parejas no se rencuentran y hacen su amor realidad después de muchos años?

A Addis Tuñón, reportera de *Despierta América,* le pasó. Hace 20 años, su hermana le organizó una cita a ciegas con un chico de pelo largo y camisa de cuadritos. Cuando llego León, de pelo largo y camisa de cuadritos, Addis le habló y comenzaron a salir. Lo divertido del cuento es que este era otro pelilargo y no el que se suponía que llegara. Fueron novios. Terminaron. Cuando ella supo que él se había casado, ella también se casó. Se divorciaron. Y 20 años después se volvieron a encontrar, porque como dice Addis: "Yo me mudé a una ciudad con 20 millones de habitantes, México DF, ...a dos cuadras del amor de mi vida..."

Sí, León y Addis eran vecinos. Se hicieron novios otra vez y se casaron.

Bien lo dice Addis, Dios se viste de casualidad.

A veces hay que aprender lo necesario antes de tener ese puesto soñado o de unirnos con esa pareja anhelada que nos quita el sueño.

También hay que pensar que ¿cuántas parejas no se separan para conseguir el verdadero amor de sus vidas?

No pienses que todo es para siempre. Ni lo bueno, ni lo malo.

Colocarle puntos suspensivos a mi vida me ha permitido desapegarme un poco más de las cosas y obtener mucha más paciencia. Ha hecho que viva con más paz y sabiduría. Y con más curiosidad, porque nada lo doy como finalizado. Eso ha producido que agarre menos rabias. Que entienda cuáles son mis prioridades reales. Ha logrado también que esté más consciente de las señales que manda el universo y eso, a su vez, hace que me lleguen más señales.

Me he convertido como en una especie de espectadora de las maravillas que crea el universo. Y eso hace que disfrute más el presente, que el pasado lo vea como un gran regalo que Dios me dio para que aprendiera y aplicara lo aprendido en el futuro que construyo cada día.

Y ese futuro lo construyo tomando acción. De nada vale soñar y soñar si no hacemos nada concreto para convertir en realidad esos sueños.

## Entendiendo los porqué y para qué...

Si mi vida dio un giro de 180 grados cuando empecé a recibir los mensajes de los lectores de *La mujer de mis sueños*, la felicidad se duplicó cuando mis propios amigos comenzaron a leerlo. Y con sus propias historias, después de leer el libro, comencé a disfrutar más mi momento estelar.

Una tarde, después de haber publicado *La mujer de mis sueños*, recuerdo que me llamaron dos amigas (a las que quiero mucho) casi al mismo tiempo.

Necesito explicarte cómo es cada una para que entiendas la importancia de las dos llamadas.

Una lo tiene aparentemente todo: belleza, riqueza y fama. Es linda y admirada.

Y la otra, carece de casi todo.

Y en las dos llamadas me dijeron lo mismo: que gracias a *La mujer de mis sueños* habían puestos sus miedos a un lado y habían recuperado el valor.

Cuando colgué con la segunda, me quedé analizando cómo era posible que dos personas con vidas tan opuestas pudieran tener los mismos miedos... y los mismos sueños.

Esa tarde volví a estar segura de que la belleza, la fortuna o la fama no te garantizan nada que no sea temporal y que la autoestima y la seguridad en nosotros mismos es algo que adquirimos cuando nos atrevemos a luchar sin involucrar en esa lucha a nuestros egos.

Cuando aceptamos que no somos perfectos y que la vida es un continuo aprendizaje.

Cuando no perdemos la fe en nosotros mismos y sabemos que nos merecemos todo lo bueno que el universo tiene para regalarnos, en vez de tirarnos a llorar en un rincón acusando al mundo entero de estar en nuestra contra.

La vida nos trata de la misma manera que nosotros la tratamos a ella.

## Cuando abandonas tu mejor momento para vivir muchos mejores momentos...

Paula Arcila, una locutora, actriz y escritora colombiana (y una de las mujeres más creativas y con mejor sentido del humor que conozco), me llamaba siempre muy emocionada a comentarme las partes de *La mujer de mis sueños* que más le habían llegado a su alma. Recuerdo que un día me contó que había decidido escribir su propio libro y que se llamaría *Una reina sin medidas*. Me alegré mucho porque la historia de Paula merece ser contada.

La primera persona que me habló de ella fue mi esposo. Siempre la escuchaba en Miami en su programa de radio y le encantaban su creatividad y su risa. Una vez, en una entrega de premios, quedé sentada junto a ella. Yo no la conocía. Cuando soltó una carcajada, mi esposo me dijo que esa era la risa de la locutora más divertida que el había escuchado en la radio. Paula Arcila estaba sentada al lado mío.

Y mira como es el destino. En esa época yo era productora de *Escándalo TV* y Felipe Viel entró a mi oficina a recomendármela para que nos escribiera *sketches* de humor. Paula me llegaba por todos los lados y así fue como un día la cité en mi oficina y comenzamos a trabajar juntas. Pero su historia de vida no es tan feliz como ella lo hace pensar siempre a uno con sus divertidas anécdotas.

Pero sí es admirable.

Paula fue abusada de niña, sufrió de violencia doméstica de adulta, cumplió su sueño de ser locutora del *show* número uno de la radio en las mañanas de Miami y escribió su propia obra de teatro cuando cumplió 40 años (por eso precisamente la tituló *Miss Cuarenta*).

Aquel fue un gran momento estelar de Paula. Si hay algo que siempre recuerdo de ella en nuestras conversaciones en la oficina era que siempre, siempre confiaba en que un día le llegaría un gran momento estelar.

Y así recuerda hoy como lo creó:

Se lo comenté a mi pareja y, sin darse cuenta, fue el responsable de que lo convirtiera en una realidad. Me dijo que últimamente estaba comenzando proyectos y los dejaba a medias. Que la idea le parecía genial, pero que esperaba que no fuera una más de las que no concretaba. (¡*Ouch*!) Dolió porque tenía razón. Así que me puse las pilas, en parte por demostrarle y en parte por demostrarme que esta vez sería diferente.

Este era un proyecto que no admitía demoras, tenía una fecha y era el día de mi cumpleaños. Busqué la ayuda de un director. Llamé a la dueña del teatro en Miami donde ya me había presentado antes con otras obras, concreté la fecha, los términos del alquiler. Me senté juiciosa a revisar el texto, a escribir, a ensayar. Invité a todos los que quise, no había límites, el teatro tenía capacidad para 430 personas.

El 27 de febrero del 2015 celebré *Miss Cuarenta* con mi familia, amigos, oyentes y conocidos. Al día siguiente se agotó la boletería y, desde ese día, a mis cuarenta años, me coroné como reina y como empresaria. Ese día comenzó una nueva vida para mí. Tenía un espectáculo de teatro con el que comencé a viajar por Estados Unidos y Latinoamérica y que me sacó poco a poco de la comodidad que había tenido en más de veinte años de carrera en los medios. *Miss Cuarenta* me abrió la ventana a otras experiencias. La de los escenarios, las luces, el sonido, los ensayos, viajes, contratos, cancelaciones. Salir de Miami los viernes para presentarme y regresar el domingo en la noche y madrugar el lunes a las 4:30 a. m. y estar fresca al aire a las 6 en punto de la mañana. *Miss Cuarenta* me obligó a reinventarme".

Gracias a su obra de teatro y a que Paula salió de su zona de comodidad, zona en la que nos aplastamos con una facilidad apabullante, nació también su libro *Una reina sin medidas*.

El libro siempre fue parte de una terapia recomendada por una de mis muchas sicólogas (la doctora Cecilia Alegría). Todo lo que sentía lo escribía, pero con la única intención de drenar, no de publicar.

Cuando terminé de escribir *Miss Cuarenta*, que es una obra autobiográfica, me percaté de todas las experiencias que había dejado plasmadas en aquella terapia y de lo mucho que mi vida había cambiado para entonces.

Lo que había escrito estaba lleno de dolor provocado por el abandono, la traición y el abuso. Ya eso era pasado, mi presente estaba lleno de amor, esperanza y felicidad. Había sanado todas esas heridas y quise compartirlo. Al igual que con la obra, busqué a las personas indicadas, revisé lo que tenía escrito y le mejoré el color. El libro lo escribí desde el dolor, pero lo publiqué desde la sanación.

Cuando Paula lanzó su libro, me llamó para pedirme que se lo presentara en Books and Books. Me sorprendió que lo hiciera. Hubiera podido escoger a cualquier famosa y, sin embargo, estoy segura, tomó la decisión de la mano de su corazón y me llamo a mí. Hoy aquí le doy otra vez las gracias públicamente. Fue al primer libro al que le serví de madrina después de lanzar *La mujer de mis sueños* y, gracias a Paula, pude hacer algo que disfruto con pasión, que es realizar entrevistas en vivo y con público.

Cuando empecé mi carrera, nunca me atreví a hacerlo. De hecho, me dediqué a ser reportera de prensa por el miedo al público. En aquellos años, grababa las entrevistas y luego las transcribía para *Cosmopolitan* y *TV y Novelas*, contándole al lector todo lo que había presenciado. Pero a mí me encanta conversar, preguntar, y la gran dosis de curiosidad con la que vine al mundo hace que escarbe en las emociones. Y seguramente Paula, que me conoce bien, quería que alguien que la quiere mucho le sacara el corazón y se lo acariciara aquella noche.

(Lo que Paula no sabe es que a partir de esa misma noche me dio suerte, porque me he convertido en "presentadora oficial" de libros en Miami).

La vida de Paula en los últimos dos años se convirtió en un ir y venir de momento estelar a momento estelar. Su obra de teatro, siempre repleta de gente; su libro, publicado; su cara, siempre radiante.

Plenitud sería la mejor palabra para describir su estado natural... y, de pronto, Paula renunció a su trabajo como locutora en Miami y decidió ser un ama de casa feliz en Madrid.

Lo dejó todo.

Sueldo.

Trabajo.

Amigos.

Seguridad.

Y un día, amaneció seis horas más adelantada que todos nosotros y se volvió una turista en Madrid.

Hoy vivo en Madrid, y aquí estoy... conociendo la ciudad, regodeándome con el cine y el teatro, construyendo recuerdos con mi compañero de vida, paseando con mi perra, leyendo, escribiendo, estudiando, aprendiendo, acostándome tarde, tomando vino y comiendo mucho pan... ¡Estoy viviendo! [Me cuenta Paula y se nota absolutamente feliz.] Mis prioridades han cambiado con el tiempo. Desde muy jovencita, con apenas 17 años, ya trabajaba en la radio y eso me hacía muy feliz. Sin saberlo, estaba haciendo una de las cosas que más deseaba en la vida.

Toda mi familia ha estado ligada a los medios de comunicación y, desde muy niña, admiraba su trabajo y pensaba que un día quería ser como ellos. Pasaron los años y seguí desarrollando mi carrera en Miami, me integré a la cadena de comunicaciones en español más importante de Estados Unidos y sentía que lograba así lo que más deseaba en la vida.

Las prioridades siguen cambiando. Ya no son los *ratings* de audiencia ni es el miedo constante a un despido, tampoco la frustración por un *email* sin respuesta ni el cansancio de pedir un salario justo. Hoy me di cuenta de que lo que siempre he deseado en la vida es ser feliz, y se siente muy bien.

El éxito es eso: una decisión que cambiará tu vida. Paula lo resume en una frase:

"Dejé todo en el mejor momento porque quería ir en busca de muchos mejores momentos".

¿Y qué es para Paula un momento estelar?

"Actualmente, mis momentos estelares son, desde preparar unas lentejas 'que te mueres' hasta recibir aplausos de un público de pie en un teatro lleno en la gran vía de Madrid. Los momentos estelares en la vida son como los momentos estelares en radio y televisión. Por mucho que estén preproducidos, siempre hay que estar preparado para improvisar".

## Ese minuto que cambiará tu vida...

Todo lo que existe a tu alrededor ha sido producto de una decisión. La ropa que tienes puesta. El lugar donde vives. La cama donde duermes. El lugar donde trabajas. El carro que manejas. La persona con quien vives. Hasta el estar leyendo esta página ha sido lo que decidiste hacer en este momento.

Cuenta la leyenda que Steve Jobs, el creador de Apple, siempre usaba un *sweater* cuello de tortuga negro para no tener que decidir qué ponerse. Y que Barack Obama, cuando era Presidente, prefería vestir de azul o de gris porque ya tenía bastantes decisiones de otro tipo que tomar.

Cuando llevas una vida profesional intensa como yo, desarrollas el arte de tomar decisiones rápidas. Yo he tomado decisiones que cambian un plan un minuto antes de salir al aire. Eso, en la televisión en vivo, no solo es común sino necesario para poder ser un reflejo de la actualidad.

Y a mí la vida me ha cambiado en un minuto. Y esos minutos los recuerdos siempre con mucha emoción:

1. Aquel minuto en el que un agente de la Embajada de Estados Unidos en Bogotá me dijo: "Aquí tiene su visa de estudiante", y empaqué maletas y llegué a Miami a estudiar Comunicación.
2. Aquel minuto en el que Teresita Fuster, la asistente de Cristina Saralegui, me llamó tempranito una mañana diciéndome que Cristina quería que yo empezara a trabajar ese mismo día en la revista *Cosmopolitan*.
3. Aquel minuto en que dije que sí y me casé con Franklin.
4. Aquel minuto en que decidieron que yo fuera la productora ejecutiva de *Despierta América* y acepté.
5. Aquel minuto en el que Silvia Matute, presidenta de *Penguin Random House* dijo que sí y publicó *La mujer de mis sueños*.

Detrás de cada uno de esos minutos hubo dos decisiones.

Y una fue mía.

Piensa bien todo lo que ha pasado en tu vida. Haz una lista de esos minutos que la cambiaron. Para bien o para mal. En casi todas esas decisiones siempre hay una que te pertenece. De la que tú tienes control.

Y es precisamente gracias a esas decisiones que tomamos que vivimos momentos estelares.

O lo que es peor, nunca los vivimos.

Y es ahí donde mueren los sueños y nacen los *hubiera*.

Si hubiera dicho que sí… o que no.

Si hubiera aceptado esa propuesta.

Si no me hubiera ido.

Si me hubiera atrevido.

Cuando yo cumplí 50 años me prometí a mí misma que nunca me quedaría con un *hubiera*. Que no me quedaría con ganas de nada. Y desde ese día soy mucho más feliz, porque no me quedan dudas. Al hacer lo que mi corazón me dice, la paz con la que vivo me hace vivir a plenitud.

## ¿Como se toma una decisión?

1. Dicen que el mejor momento es por la mañana y después de pensarlo mucho. Por la mañana porque es el momento del día en el que nuestro cerebro está más despejado. Tomar una decisión por la noche puede reflejar más cansancio que intención.
2. Define exactamente cuál es la diferencia que esa decisión tendrá en tu vida y en la vida de quienes te rodean.
3. Haz una lista de pros y contras de cada una de las decisiones. Siempre debe ganar la que tenga más factores a favor.
4. Aprende a diferenciar cuáles son las decisiones que te deben quitar tiempo. El ser humano puede tomar hasta 150 decisiones pequeñas al día. Solamente las grandes son las que te deben quitar tiempo.

**5.** Nunca ajustes una meta por miedo a una decisión. Si te ofrecen un buen trabajo en París y el trabajo de tus sueños en Madagascar..., ¿cuál escogerías?

## Google me dijo que tenía cáncer...

Hace unos días, la vida me dio un gran susto, pero como dije al principio de este capítulo, trato de ponerle a todo puntos suspensivos y, luego del susto, vino una gran lección.

Estaba viviendo un momento muy difícil laboralmente porque, debido a una restructuración, había recorte de personal en la empresa donde trabajo. Creo que no hay un jefe en el mundo que no sufra cuando tiene que hacer recortes de presupuestos y estos redundan en la vida de las personas que trabajan con él.

Cuando vivo momentos de tensión laboral, trato de explicarles a todos los que trabajan conmigo que mientras haya vida y salud no hay que preocuparse mucho. Les explico que a veces nos toca vivir realidades en los trabajos y que hay que afrontarlas con valor. Sin multiplicar el drama.

Cuando las empresas pasan por momentos turbulentos hay que mantenerse más enfocado que nunca en el trabajo, poner la imaginación a toda máquina y crear, crear y crear nuevas ideas. Porque la otra opción, que es la que dicta el pánico y que consiste en llorar, buscar culpables y paralizarse, simplemente no nos conduce a nada.

Esperar una decisión que puede traer una noticia no muy buena no es nada placentero. Entiendo que en esos momentos de tensión la gente piensa que va a perder el trabajo, y los nervios se multiplican.

Pero lo único bueno de las crisis es que muchas veces conducen a momentos estelares.

Por eso, yo hace mucho tiempo dejé de tenerles miedo.

Lo que sí me preocupa siempre es un problema de salud. Y aunque siempre me agarro de mi fe, hay momentos en que el susto te mueve el piso.

Justo en uno de esos días laborales complicados que estaba viviendo, me miré una mañana al espejo saliendo del baño y descubrí una gran mancha roja en mi pecho izquierdo. Era como un mapa de Suramérica en mi seno.

Cuando me lo toqué estaba hirviendo.

Me asusté.

Inmediatamente, y sin decirle ni preguntarle nada a nadie, me metí en la computadora a buscar las posibles causas.

Coloqué "mancha rosa caliente seno" en Google y todas las respuestas me llevaban al mismo lado: cáncer inflamatorio de seno.

Una enfermedad poco común y muy agresiva en la que las células cancerosas bloquean la piel del seno.

Decidí buscarlo en inglés.

Y me salió la misma causa: *inflammatory breast cancer.*

Mientras más leía, la descripción más se parecía a lo que yo veía en mi pecho izquierdo. Y yo, que soy la productora del *show* del Doctor Juan Rivera y que le he oído decir mil veces que uno no puede confiar en "Dr. Google", ni siquiera le conté mi preocupación al Dr. Rivera, sino que pedí una cita urgente a mi ginecóloga, quien inmediatamente me remitió a un radiólogo para que me hiciera una mamografía y un ultrasonido del seno.

24 horas después, y sin haberle contado a nadie de mi familia para no preocuparlos, estaba yo con esa bata larga y enredada esperando que me llamaran para hacerme todos los exámenes. Durante el proceso, que duró dos horas, recé mucho pero también pensé mucho.

¿Y si me dicen que tengo cáncer? ¿Cómo se lo digo a mi familia? ¿Se los oculto? ¿Me iré a morir o sobreviviré? Al rato, me armaba de valor y pensaba que si tenía cáncer me iba a volver una guerrera y lo iba a combatir.

Me imaginaba esa misma tarde reuniendo a mi familia para contagiarles mi valor y decirles que íbamos a empezar a luchar todos juntos para salir adelante. De pronto, se me hacía un nudo en la garganta, pero llorar era confirmar que tenía terror. Y yo tenía que ser positiva y pensar que "Dr. Google" estaba equivocado.

Cuando me hicieron el primer examen, que fue la mamografía, traté de ganarme la compasión de la técnica que me lo estaba haciendo:

"Es que yo leí que puede ser un cáncer agresivo que se llama…"

"No le puedo decir nada, señora", me interrumpió la chica, que era colombiana como yo. "Pero hoy mismo se le darán los resultados".

Mientras ella seguía acomodando mis senos en esa máquina, yo solo pensaba en cómo la vida te puede cambiar en un minuto.

Me pasaron a una salita de espera entre un examen y otro donde aproveché y volví a sacar el teléfono para preguntarle a Google que otras opciones podían ser el resultado de la mancha.

La cosa no cambiaba mucho.

Mis síntomas eran de cáncer.

En aquella sala de espera me vino a la mente mi querida Clara Pablo, una dominicana alegre y noble que era directora del Departamento de Música de Univision. A Clara, que vivía la vida montada en un avión y rodeada de famosos, la vida le cambió en el mismo minuto en que descubrió una bolita en su seno. Y me sentí la peor de las amigas por no entender completamente, hasta ese momento, el pánico que se vive ante la posibilidad o (y no quiero imaginarme) ante la confirmación de tener cáncer.

Recuerdo que cuando Clara supo que tenía cáncer de seno se fue de vacaciones a España. No quiso interrumpir las vacaciones que ya tenía planeadas. Al regresar, comenzó el tratamiento y lo hizo público para que más mujeres se unieran a la necesidad de hacerse el autoexamen de seno y poder abogar ella para que las mamografías sean obligatorias sin importa la edad.

Justo en ese momento en que estaba esperando el último de mis exámenes pensé en todos los momentos estelares que han sido interrumpidos por una tristeza inesperada. Si tú estás viviendo eso en este momento solo tengo un consejo para ti:

No te desesperes. En un tiempo sabrás por qué te tocó vivir esto. Mirarás para atrás y quizás hasta te toque dar gracias.

Cuando por fin me pasaron al último cuarto, me recibió una técnica húngara quien, con la paciencia de Job, me hizo un ultrasonido del seno, largo y tedioso. Empecé a entrevistarla a ver si rompía el protocolo y me decía si veía algo raro en la pantalla.

No la pude convencer.

Le conté el diagnóstico de Google y me dijo que, efectivamente, podría ser una de las causas, pero que había que esperar a los resultados.

Se me enfrió la barriga.

Cerré los ojos y me puse a rezar otra vez.

Media hora después llegaron los resultados.

"No hay nada anormal en su seno", me dijo la chica húngara y yo sentí que estaba viviendo uno de los días más felices de mi vida. ¡Gracias a Dios no era cáncer! Era una infección de la piel.

En ese minuto que la húngara me dijo que no era cáncer, me cambió la vida. Esa decisión de Dios me hizo salir más agradecida, valiente, fuerte, feliz, generosa y, sobre todo, me prometí nunca olvidar ese susto y contarlo en este libro. Y decidí contarlo porque los seres humanos tendemos a preocuparnos demasiado y no nos damos cuenta de que si tenemos buena salud el resto se lucha y se consigue. Y si no se consigue, se sigue intentando. Pero una enfermedad nos va mermando esas posibilidades. Hay veces que armamos problemas donde no los hay y cuando realmente nos vemos en el umbral de lo que puede convertirse en un drama es cuando nos arrepentimos de no haber disfrutado más la vida.

Dos días después del susto que pasé pensando que podía tener cáncer de seno, me encontré con Clara y le pedí perdón por no haberla apoyada lo suficiente durante esos momentos. Llorando, me abrazó y me dijo que estaba loca. Que había sentido mi apoyo todo el tiempo.

"No fue lo suficiente comparado al terror que debes de haber vivido", le expliqué. Y volví a abrazarla con fuerza.

Cuando uno le pregunta a Clara Pablo cuál ha sido su momento estelar, responde enseguida:

Mi gran momento estelar fue cuando me dijeron que tenía cáncer de mama a los 36 años. El cáncer a mí me dio más de lo que me quitó. El cáncer me dio mi propósito en esta vida. Mucha gente pasa toda su vida sin lograr saber cuál es su misión y yo lo aprendí muy joven. Y le doy gracias a Dios por eso. En aquel momento en que me dijeron que tenía cáncer se me vino el mundo encima. Me dieron ganas de vomitar, de llorar, tuve miedo, pensé que iba a morir. Es como si te pegaran muy fuerte en el estómago y no pudieras respirar. Recuerdo que yo misma me repetía: "Tengo 36 años y tengo cáncer, tengo 36 años y tengo cáncer". No lo podía creer. Tenía demasiado por hacer, por cumplir, ¡no me podía morir tan joven!

**¿Qué te ayudó a salir adelante?**
Mi Fe. Mi familia. Mis amigos. Las redes sociales, no sabes cuánta gente alrededor del mundo estaban rezando por mí, sin conocerme.

**¿Qué haces ahora diferente?**
Disfruto más la vida. No me aferro a lo que no se da: por algo no se da. Y lo que está fuera de mi control lo dejo ir (eso me costó mucho, era medio *control freak*. Muy controladora).

Clara es hoy la vicepresidente sénior de Mercadeo de Walter Kolm Entertainment y maneja artistas como Maluma, Carlos Vives, CNCO, Wisin y Silvestre Dangond. Sí, a Clara después del gran susto le llegó su momento estelar.

Y volviendo a mi susto, ese mismo día que lo viví confirmé, con absoluta seguridad, que los dos grandes pilares de mi vida son la familia y la salud. Si eso esta bien, esos dos pilares que están construidos sobre mi fe siempre me sostendrán con fuerza. Al salir, me di cuenta de que en la puerta del cuarto donde realizaron el ultrasonido estaba escrito:

"Cree. Todo es posible cuando crees".

## ¿Y a ti quien te ayudará a vivir tu momento estelar?

Cuando mi papá falleció, mi gran amigo Fernán Martínez me escribió un *email* en el que había una frase que nunca olvidaré:

"Te van a empezar a pasar cosas extraordinarias y no tendrán explicación".

Yo le creí. Decidí creerle.

De esa manera, cada buena noticia inesperada me devolvería un poquito a mi papá. Él sería el cómplice celestial de mis momentos estelares.

Tal vez era la manera más fácil de creer que mi papá, desde el cielo, iba a interceder siempre por mí. Después de todo, no tendría ni por qué sorprenderme si fue lo que él siempre hizo en vida.

Y tengo que admitir que el hombre ha hecho muy bien su trabajo allá arriba, porque desde que murió hace 10 años mi vida ha estado llena de momentos muy felices.

Y en este punto debo decir que la Iglesia católica no cree en lo que estoy diciendo, porque la Iglesia católica les quita el poder a los muertos de interceder por uno. De hecho, hay quien dice que uno no debe pedirle nada a las personas que fallecen porque eso es quitarles la paz que se merecen cuando pasan a mejor vida.

Cuenta la leyenda, por ejemplo, que en Puerto Berrío, Colombia, hay quien adopta muertos desconocidos para pedirles favores a cambio de misas o rosarios. La práctica es fácil: se van al cementerio, eligen al muerto y luego lo bautizan como su ángel de la guarda. Y ese muerto, ángel de la guarda, o como quieras llamarle, es el padrino de todos los momentos estelares que tengas de ahora en adelante.

En la Roma antigua también se creía que los muertos podían ayudar a los vivos.

Lo cierto es que yo más de una vez he oído el "pídeselo a tu abuelita" o "tu papá desde el cielo te va a hacer ese milagro".

Yo quiero creer que mis muertos descansan en paz, porque si la cosa es cierta, no deben tener un momento de quietud en su tumba. A mi papá, no solamente le otorgo el poder de haberme conseguido ciertos favores grandotes, sino que le exijo de vez en cuando que me mande mensajes.

El pasado Jueves Santo, le pedí a mi papá una de esas señales. Si leíste *La mujer de mis sueños*, recordarás que a él le encantaban las tortugas pequeñitas. (Y ahora yo, gracias a mis lectores, que son espectacularmente detallistas, tengo tortuguitas de todos los colores por todas partes de mi casa y de mi oficina.)

"Oye, Jairo Doria, espero que mañana Viernes Santo me mandes una señal. La necesito", le dije mirando hacia arriba mientras caminaba por mi cuarto.

Al día siguiente, mientras arreglaba las carteras en mi clóset, agarré una que hacia días no usaba. Metí la mano y, de pronto, apareció una bolsita de regalo que tenía adentro una cadena con una tortuguita. Yo sé, porque no estoy tan loca, que mi papá no metió la cadenita en la cartera, pero sí me parecerá siempre una hermosa casualidad que hubiera aparecido aquel Viernes Santo, justo 24 horas después de haberle pedido a mi papá una señal. Nunca supe quién metió la tortuguita. A veces pienso que alguien me la regaló en algún evento y yo la puse en la cartera y no volví a recordarla. Lo cierto es que la tortuguita apareció el día que tenía que aparecer, porque me hizo muy feliz encontrarla después de haberle pedido una señal a mi papá.

En el recorrido que hace nuestro deseo de cumplir sueños, es perfectamente válido que depositemos fuerza en los seres que ya no están para que nos ayuden.

Eso lo comenté con Eugenio Derbez cuando me contó que, desde que murió su mamá, la gran actriz Silvia Derbez, comenzaron a llamarlo de Hollywood. Y él está absolutamente convencido de que su mamá se llevo al cielo la misión de hacerlo vivir su gran momento estelar en la meca del cine.

Estoy absolutamente segura de que esa fuerza y ese gran amor que nunca dejamos de sentir por quienes se nos adelantaron, se devuelve y nos impulsa a seguir luchando por esos sueños que ellos no pudieron vernos cumplir aquí en la tierra.

## Receta de un momento estelar: humor, amor y muchos sacrificios

Mariela Cardona es la vicepresidente y productora ejecutiva de *El Gordo y la Flaca*, el *show* de farándula más visto de la televisión hispana en los Estados Unidos. Ganadora del prestigioso premio Emmy, es una cubana divertida y tímida, que odia ser protagonista y que soñaba con el Emmy por una sola razón: para que su único hijo se sintiera muy orgulloso de ella.

La historia de Mariela debe de servirnos de inspiración y orgullo a todos. Por eso quería que fuera parte de este libro. Porque hoy vive su momento estelar como profesional, pero su camino hasta él no fue fácil. Y merece ser contado. Aquí te lo dejo en primera persona y con un gran sentido del humor, como ella habla. Así me lo contó (después de pedírselo mucho porque es muy tímida), y te lo dejo aquí tal cual para que nos sirva de inspiración, tanto a ti como a mí:

Mi infancia fue una combinación de alegría y tristeza porque éramos muy pobres. Yo vivía en una zona rural de Cuba llamada Jucaral, en donde se cultivaba la caña de azúcar. No habían más de 10 casas y, como había muchos campesinos que no sabían leer ni escribir, mi mamá se encargaba de alfabetizarlos.

Mi padre trabajaba en el central de azúcar, pero lo conocí cuando yo tenía 2 años, porque él estaba preso por tratar de escapar de la isla ilegalmente. Crecí en el campo. Me acuerdo que mantener el uniforme del colegio limpio era una odisea, por los charcos y el lodo que se formaban en las calles del batey porque no tenían pavimento. La solución que un día encontró mi padre era llevarme montada en una vaca para no ensuciarme los zapatos, pero no era cualquier vaca, era la vaca Maravilla. La llamaban así porque daba más leche que cualquier otra en el pueblo.

Una de las tristezas más grandes que recuerdo fue cuando me tuve que ir del lado de mis padres. En el batey no había escuelas de secundaria y mi madre, maestra, no podía permitir que sus hijos no estudiaran. Entonces me envió a Esmeralda, el pueblo más cercano que tenía colegio y donde vivía mi abuela. Yo tenía 9 años y hoy, al recordar el momento de mi despedida, no puedo evitar llorar, porque no quería separarme de mis padres y de mi hermanito adorado, que también lloraba muchísimo. Me dejaron ir en un autobús sola y la persona que me iba a cuidar en ese viaje de una hora (pero que para mí fue eterno) era el chofer del autobús. Mi abuela no era la típica abuelita consentidora, era más bien estricta, pero a la que sí recuerdo con mucho cariño era a mi tía Nena, porque siempre iba a trabajar muy bien arreglada.

Mi gran sueño era irme de Cuba, era la oportunidad de estar de nuevo con mi mamá, mi papá y mi hermanito, de estar de nuevo en familia.

Mi papá, que había sido preso político, vio la oportunidad para salir de la isla cuando se abrió el puerto del Mariel. Una tía que vivía en Hollywood, Florida, nos mandó un barco para

recogernos a mi abuelo, mi tía por parte de padre, mi hermano, mi papá, mi mamá y a mí. De Esmeralda nos fuimos el 21
de mayo de 1980, yo tenía 12 años. Con actos de repudio en
contra nuestra nos fuimos a la Habana a esperar el barco. Nos
tuvieron 10 días en un campo que parecía de "concentración",
donde teníamos que dormir a la intemperie a la orilla del mar.
Nos bañábamos en el mar usando la misma ropa —aún con-
servo aquella blusita azul bordadita que usé esos días—. Dor-
míamos en la arena y todos los días nos daban la misma cajita
con la misma comida: un yogur y huevo revuelto.

Cuando llegó el barco en el que íbamos a viajar, el gobierno determinó que ellos escogían quiénes venían y decidió que serían aproximadamente 100 personas. Íbamos tan
amontonados que no me podía ni mover. Esa travesía fue horrible, porque se vino una tormenta que duró aproximadamente
11 horas en un barco donde yo tuve que hacer mis necesidades ahí mismo… Por fin, llegamos a Cayo Hueso, asustados y
con hambre.

## Acepta lo que te tocó, pero busca más

Llegar a los Estados Unidos fue de lo más difícil que me ha
pasado en mi vida porque era todo diferente y yo venía de
pueblo…, del campo…, y me resultó difícil integrarme, sobre
todo en la escuela (octavo grado). Porque siendo blanquita
pensaban que era americana, y los latinos no me hablaban, y
cuando los americanos me hablaban, pues no entendía. Me
hicieron *bullying*. Siempre supe que mi *high school* era un
proceso que no tenía nada que ver conmigo, ni con quien
yo era.

### No era personal

Mi primer trabajo fue en la tienda de departamentos Kmart, en la zapatería. Me daba terror cuando tenía que dar los anuncios de la promoción del día. Era en inglés, y me daba tal miedo escénico que a veces buscaba a alguien que lo dijera por mí. Como casi no hablaba inglés con los clientes, metí la pata mil veces. Me preguntaban por tenis y los mandaba donde estaban los tacones. Me insultaron y me dijeron de todo…, pero yo, con la cara roja de la pena, seguía adelante. No era personal.

Después trabajé en un cine haciendo *popcorn* mientras me graduaba de *high school*. Cuando me gradué, una amiga de mi mamá me llevó donde un dentista para que trabajara como asistente. Era un trabajo que no me gustaba mucho, pero me pagaban 7 dólares la hora y eso para mí era una fortuna.

### El milagro: si puedes dar vida…, puedes hacer cualquier cosa

Me casé a los 21 años, pero a los 25 años sucedió algo que cambió mi vida para siempre, y mi manera de ver la vida y mi futuro: quedé embarazada. Mi esposo era Juan José Cardona, un hombre maravilloso, un colombiano que me enamoró porque me trataba muy lindo. Un caballero. Yo que siempre soñaba con tener una historia de amor como las novelas de Univision. Me hablaba muy bonito con ese "zezeo" característico de los colombianos y quedé *matada*… Después me di cuenta de que todo un país hablaba así, que no solo era para mí… En fin, todo está en la perspectiva.

El saber que estaba embarazada le dio sentido y propósito a mi vida. Pensé que, si yo podía dar vida, podía hacer cualquier cosa en el mundo. Decidí que, como fuera, tenía que ir a la universidad. Las hormonas las tenía tan alborotadas que me dio por imaginarme que no podía ir a *career day* (día profesional) a hablar en la clase de mi hijo sin ser exitosa... Y lo único que pensaba era en que mi hijo se sintiera orgulloso de mí.

Entré a estudiar Comunicaciones, siempre pensando en lo que veía en Univision, porque en ese tiempo que las redes sociales no existían y con la falta de dinero que había en mi familia, Univision era el único vínculo que yo tenía con mis raíces. Creo que nadie daba un peso por mí, pero yo seguía firme en mi deseo de ser alguien importante y pensando siempre en lo que le podía ofrecer a mi hijo. Recuerdo que hubo un profesor que dijo: "De todos ustedes, los 30 que están presentes en esta clase, solo hay posibilidad de que 3 trabajen en algún medio y les vaya bien". Yo lo tomé como un reto y le dije a mi compañera de clase: "¡Ponte las pilas porque solo quedan dos, uno es mío...!".

Mi hijo nació un 27 de abril y esa era la semana de los exámenes finales. Estaba estudiando y, en la tarde, me empezaron los dolores, y yo le hablaba a la barriga y le decía: "Por favor espérate, espérate a que pasen los exámenes finales". Yo quería controlar hasta el momento en que llegara mi bebé. Pues no me hizo caso, y en el hospital, y entre cada contracción, llamé a mis profesores a pedirles que me permitieran presentar los exámenes más adelante... Mi hijo fue a mi graduación de la universidad, FIU, cuando tenía 2 añitos.

Un profesor que tenía me dijo que en Univision estaban buscando becarios y que yo debería aplicar. Me puse feliz, pues soñaba con trabajar allí, pero me dio un poco de inseguridad: soy muy tímida. No sabía cómo llegar y, lo peor, no tenía ropa adecuada para una entrevista de trabajo con José

Pérez (quien me dio mi primera oportunidad). Con un sacrificio enorme pude comprar una chaquetica para lucir profesional y llegué a la gran cadena. Me hicieron esperar 5 horas y al final me dijeron que tenía que regresar al otro día. "¿Mañana? ¿Pero, y ahora que me pongo?", pensé. "Pues repetiré, porque no tengo para más". Y ahí voy yo al día siguiente con la misma camisa, el mismo pantalón y la misma chaqueta. Lidia, la eterna recepcionista de Univision debió decir: "Pobrecita..., la misma ropita de ayer". ¡Así que ríete, lávala y síguela usando!

Pero lo logré, me dieron la pasantía para un programa que empezaba que se llamaba *Control*, con Carlos Ponce y María José. Seguí trabajando a medio tiempo como asistente del dentista, porque ese era el único ingreso que tenía. Me obsesioné con aprenderlo todo y tuve un gran mentor, Luis Blanco. Aprendí a escribir historias, aprendí a buscarlas... Así pasaron 2 años y viví lo que realmente es "el sueño americano", ¡porque no dormía nada!

Luis, el productor, me daba los guiones para escribirlos y yo los escondía en el gabinete del baño para levantarme en la madrugada y escribirlos y que mi esposo no se diera cuenta. En realidad, el tiempo no me alcanzaba, y entre la casa, el trabajo, la escuela y cuidar a mi bebé..., era toda una misión hacerlo todo bien. A los 9 meses de trabajar gratis en Univision, me dijeron que me iban a empezar a pagar 75 dólares semanales.

Después, con *Fuera de Serie*, *Despierta América* y ahora *El Gordo y La Flaca*, poco a poco los cheques fueron llegando por mucho más... Ah y, buenas noticias: ya tengo más opciones de ropa para ir a trabajar.

Yo le diría a esa inmigrante que piensa que no va a vivir su momento estelar que se tome las cosas con humor: ¡Ríete de ti mismo! No importa que te cierren las puertas, tienes que seguir para adelante. Yo tomé la decisión de ser exitosa. Yo tomé la decisión de buscar la manera de salir adelante. Recuerdo que las otras becarias de Univision eran chicas superguapas, *cool* y con mejor situación económica. Yo las llamaba "las chicas de Coral Gables". Cuando almorzábamos, ellas siempre tenían comidas elegantes y ensaladas que yo nunca había visto, y yo todos los días me comía un fufú de plátano (plátano verde aplastado). Yo decía que era mi plato favorito y que me encantaba (creía que ellas se creían cuento), pero en realidad era porque no tenía suficiente dinero para el almuerzo y el fufú me costaba solo 50 centavos. Lo único que yo podía pagar. Tenía un carro destartalado. Rezaba porque nadie me viera entrar a Univision.

Pero todo cambia y todo pasa. Y llegó *Fuera de Serie*, un programa con Sofía Vergara y Fernando Fiore. Allí me dieron el cargo de productora, y con sueldo. Ya me podía retirar de ser asistente dental y trabajar como productora. Viajé mucho, conocí mucho y aprendí mucho. Nunca hubiera pensado que pudiera viajar a tantos países. Yo, la que viajaba en la vaca Maravilla, ahora viajaba en aviones gigantes a países que no sabía ni que existían. Con dos personas maravillosos de las cuales aprendí y me ayudaron muchísimo.

Para no pasar vergüenzas, me cuidaba de lo que iba a comer. JAMÁS pedía cosas que fueran difíciles. ¿Espagueti? Nunca. Ensaladas, tampoco. Copiaba todo lo que hacían Sofía y Fernando. Esperaba a que ellos comenzaran para yo seguir la corriente. Ordenaba no lo que me gustaba comer, sino lo que se me hiciera más fácil. Después que una vez me comí el pan de Fernando en una cena en España, de una manera muy simpática me dijo: "Marielita, el pan va a la izquierda y el vino a tu derecha. ¡No te comas mi pan! Y agarras pedacitos, no es un sándwich". Y así fui aprendiendo. Hasta el día de hoy respeto mucho el pan de mis compañeros.

Las primeras impresiones cuentan. La imagen es importante. Siempre le agradeceré a Sofía Vergara, que me enseñó a usar la crema humectante. Recuerdo que íbamos en un vuelo de Miami a Los Ángeles y estábamos viendo una revista de esas que venden cosas en los aviones, y ella me compró mi primera cremita para que me cuidara la piel. Sofía también me prestaba ropa. Y ustedes se preguntarán cómo hacía yo para llenar la parte delantera de los pechos de Sofía: es que yo soy de espalda ancha y así empataba.

¿Que sentí cuando me gané el Emmy? Para mí el Emmy significó una alegría grandísima. Recordé a la guajirita de Cuba que no sabía nada de la vida y que hoy tenía en sus manos el más importante premio de la TV. Yo nunca he pedido nada. Nunca he ido a pedir un ascenso o un aumento de sueldo, pero siempre he estado muy enfocada en lo que quiero… Soy *workaholic*. Sabía que todas las cosas que viví eran un camino que tenía que recorrer para ser alguien. Sé que todo lleva un proceso y uno lo tiene que vivir y saber llevarlo. Incluso los obstáculos que se te atraviesen son parte de ese proceso.

Yo llegué a *EL Gordo y la Flaca* sin pedirlo ni imaginarlo… Era la jefa de contenido de *Despierta América*. Un día, uno de mis jefes de aquel entonces me preguntó: "¿Qué te parece *El Gordo y la Flaca*?" Y yo, con mi honestidad a veces cruel, le dije que no veía ese *show* porque a esa hora recogía a mi hijo.

Después pensé que no había sido muy correcta mi respuesta y me puse a verlo por si me volvían a preguntar. ¡Y volvieron a hacerlo! Pero no a preguntarme, sino a decirme que habían decidido que fuera su productora ejecutiva. ¡Mi reacción fue tan de sorpresa que del puro susto dije que no! Pero era una decisión tomada y, cuando me llamaron para presentarme a mi equipo, lo único que me salió decir fue que no podía porque no me había secado el cabello. Hoy en día, ese reto se convirtió en parte de mi felicidad absoluta y un triunfo en mi carrera. Llevamos ya 8 años juntos y disfruto al máximo cada momento con un equipo que considero parte de mi familia.

Mientras mi hijo crecía yo me convertí en productora ejecutiva de *Fuera de serie* y empecé a trabajar y trabajar... Dejé a un lado mi matrimonio y por consiguiente se acabó. Sentí una gran tristeza porque siempre quise que mi hijo tuviera ese hogar que yo no tuve. Que creciera dentro de una familia normal. Pero algo más fuerte me hacía seguir adelante. Yo quería que mi hijo se sintiera orgulloso de mí. Yo quería que mi hijo no pasara todas las necesidades que yo tuve que pasar y, sobre todo, que cuando llegara el día famoso en que a los niños les preguntan por la profesión de sus padres, él lo dijera con la frente en alto y que pensara y sintiera que su mamá era la mejor. El *career day* pasó tal y como yo me lo imaginé y lo soñé. Ya trabajaba en *Despierta América* y él tenía 7 años. Fue todo un éxito... A los compañeritos del colegio de mi hijo les impactó tanto mi presentación, que me escribieron notas de agradecimiento maravillosas. Ese día, en la noche, mi bebé me dijo: "*Mom, you are a very cool mom, you have a very cool job... I love you*" (eres una mamá muy *cool* y tienes un trabajo muy *cool*. Te AMO). Esa fue mi graduación de mamá. Mi meta cumplida. Lo logré. Lo demás, no importa.

Mi hijo me admira tanto que piensa que nunca va a ser tan exitoso como yo. Yo le repito que sí: "Eres exitoso porque tú lo decides". Esteban estudia Terapia Física y es un chico guapísimo, muy noble y educado. Cuando gané el Emmy, me escribió un mensaje increíble que aún me hace llorar. Mi hijo se siente orgulloso de mí. Él cree que soy exitosa y que soy buena en lo que hago. Que el mundo venga encima de mí que no me importa, yo puedo.

Ser exitoso es una decisión que tú tomas todos los días, con pequeñas cosas, con cada oportunidad o con cada obstáculo que se atraviese. Todo lleva un proceso, pero hay que ponerle mucha dedicación. El éxito no llega de un día para otro. Tienes que estar enfocada. Te vas a equivocar mil veces. El fallo es parte del proceso. Lo único que nunca debes de hacer, aunque todo vaya mal, es rendirte.

## ¿Y si te vuelves a inventar?
## Charytín sí sabe cómo…

Una de esas mujeres que admiro profundamente se llama Charytín Goyco. La vi por primera vez en la tele cuando yo tenía 16 años (perdón Chary, por ser tan específica) y estaba recién llegada a vivir a los Estados Unidos. Chary tenía un *show* en Puerto Rico, producido por su esposo, Elín Ortiz, que a mí me encantaba. Ese "desorden" que ella armaba en televisión me relajaba cuando yo estudiaba en la universidad. Me hacía olvidar que estaba lejos de mi país y durante una hora, esos miércoles por la noche en la cadena

SIN, hoy Univision, de Estados Unidos, eran la mejor terapia para cualquier inmigrante.

Me convertí en su fan y seguí su carrera por las revistas. Cuando yo trabajaba en *Cosmopolitan,* Cristina me mandó a entrevistarla y me sorprendió que en persona Chary fuera mucho más seria que en la tele.

Aclaro: que fuera seria. Punto.

Y era sabia. Muy sabia.

En ese momento tenía a su hijo Shalim muy chiquito y recuerdo que se las ingeniaba para posar, responder a mi entrevista y juguetear con él persiguiéndolo por todo el estudio donde hicimos las fotos.

Me encantó conocer a esa familia tan "normal".

Tiempo después, siendo yo ya directora de *Cristina, la revista,* me la encontré en el estudio de *El Gordo y la Flaca,* y recuerdo que le dije que me encantaría hacerle una entrevista en su casa.

"Nunca le ha abierto ni abriré las puertas de mi casa a una revista", me dijo tajante, pero muy amablemente. Entendí sus razones. Ya habían nacido los gemelos y era lógico que quisiera preservar su privacidad.

Muchos años después, cuando Ronald Day me llama para ser la productora ejecutiva de *Escandalo TV,* me da la gran sorpresa: "Estamos trayendo a Charytín".

Y así de fácil, aquella televidente fiel y admiradora de Charytín se convirtió en su productora.

Pero sigamos con el pedazo que me salté. Después de que terminó *El show de Charytín,* ella se fue a trabajar en Home Shopping Network, donde era la que más vendía. ¿Y quién no le iba a comprar a esta mujer que habla hasta por los codos y, además, que todo el mundo quiere? La rubia loca, con la cabeza de pajaritos, se había reinventado con gran éxito como vendedora.

Aquellos trajes de lentejuelas y personajes inolvidables se quedaron durante un tiempo colgados en algún clóset hasta que comenzó *Escandalo TV*.

Y nuestra Chary, después de ser la reina de las ventas en Home Shopping Network, volvió a ser la reina del entretenimiento en TeleFutura.

Y ya yo no era aquella estudiante que se reía viéndola los miércoles por la noche. Ahora yo tenía el enorme orgullo de ser su jefa.

Chary se estaba dando el lujo de vivir de nuevo su gran momento estelar. Recuerdo que todos los famosos pedían que ella los entrevistara. Los nuevos y los viejos: Vicente Fernández, Daddy Yankee, Juanes, Joan Sebastian, Jennifer Lopez, Juan Gabriel, Raphael, Olga Tañón, Marc Anthony... Lo divertido era ver como todas las estrellas nuevas pedían conocerla. Y las consagradas recordaban su *show* y querían reencontrarse con ella para revivir viejos tiempos.

Chary es generosa. Aplicada. Extremadamente responsable. Rezandera. Comelona. Estudiosa. Organizada. Prudente. Vanidosa. Junto a ella fui testigo del gran amor que la comunidad hispana de los Estados Unidos le tiene. Y del cariño tan grande con el que ella les agradece ese amor.

Trabajar con Charytín ha sido para mí uno de los grandes privilegios de mi carrera. Detrás de esa loca encantadora a quien le aterraba montarse en avión, y que no camina, sino que brinca, y no modula, sino que habla a mil millas por hora, hay una mujer extremadamente sabia que conoce maravillosamente sus dos caras y sabe cuándo y cómo ponerlas.

Yo conocí a la esposa enamorada que admiraba profundamente a don Elín y que no movía un dedo sin él. A la mamá abnegada que dejaba lo que estuviera haciendo cuando sus hijos la llamaban y, sin importar quien estuviera oyendo, los regañaba cuando algo no andaba bien.

Don Elín Ortiz era fundamental en su vida. Fue su productor y gran amor. Él la admiraba y la amaba locamente. A pesar de la diferencia de edad (que nunca supe cuánta era porque Chary no permite que nadie sepa su edad y hasta le tapa la fecha con su dedo a la licencia cuando se la piden en los aeropuertos), eran la pareja perfecta.

Ella, pendiente de todo lo de él. Él, que siempre fue muy despistado, pendiente de todo lo de ella. Cuando el Alzheimer fue arrebatándole los recuerdos a don Elín, Chary, con una gran paciencia, comenzó tal vez el aprendizaje más difícil de su vida: el de convertirse en una mujer absolutamente independiente. Y esto no tendría nada de raro si don Elín no hubiera sido toda su vida el hombro en el que ella descargó siempre todo. Desde sus pesados trajes de lentejuelas hasta sus miedos.

Porque Chary era miedosa. Muy miedosa.

Pero combatía todos sus miedos con ese encanto que solo ella tiene. Y no dudo que a los miedos hasta los hiciera reír.

Don Elín era el novio que le echaba piropos a Charytín, el esposo que le pagaba las cuentas, el amante que la enamoraba con su gran inteligencia, el papá que le daba los mejores consejos, el amigo con quien más disfrutaba los chistes.

Pero, poco a poco, por culpa del maldito Alzheimer, todo eso fue quedando en el olvido. Y entonces Sharinna, la hija gemela de Chary que a veces parecía más su mamá que su hija, se convirtió en su mano derecha. La acompañaba a los viajes, a las entrevistas; le sugería qué vestidos usar… La hija reemplazó al padre…

Pero un día, Sharinna se mudó a Nueva York a luchar por sus sueños, se terminó *Escandalo TV*…

Y don Elín murió.

## De dependiente a valiente...

Cuando don Elín murió, ya Chary y yo habíamos dejado de trabajar juntas. Pero nuestra relación seguía intacta. Ella estaba en Nueva York con Sharinna cuando recibió la noticia. Al día siguiente, Felipe Viel, su eterno compañero en *Escandalo TV*, Mayra, quien se encargaba de ayudarla con todas sus cosas en TeleFutura, y yo la fuimos a buscar al aeropuerto desde donde fuimos a almorzar a mi casa y luego a la funeraria.

A pesar de que habíamos dejado de trabajar juntos ya hacía varios años, yo quise que Chary se sintiera arropada por aquella época gloriosa de su *Escandalo TV.* En mi casa también estaba Ronald Day, quien fue nuestro jefe, y Franz, su estilista. Almorzamos recordando anécdotas de don Elín y desde allí nos fuimos a la funeraria a despedirlo.

Cuando llegamos, Chary pidió entrar a solas con sus hijos a verlo por última vez y esa tarde, hasta la media noche, no dejó ni un minuto de estar arropada por tanta gente que la quiere.

Inmediatamente me di cuenta de que con la muerte de don Elín, después de más de 40 años de matrimonio, había nacido una nueva Charytín. Ya el Alzheimer le había permitido ensayar su vida sin él.

Chary despidió a don Elín como una reina. Sin escándalos. Con ese amor inmenso, y junto a sus tres hijos, fue moldeando su nueva vida. Sola. Otra pareja ejemplar, Emilio y Gloria Estefan, no se separaron de su lado aquella noche triste en la que Chary durmió en mi casa...

Al día siguiente, muy temprano, volví a llevarla al aeropuerto.

Y allí dejé a una nueva Charytín.

Más fuerte.

Más valiente.
Más madura.
Más mujer.

## La cajita de herramientas de Charytín

Cuando le pregunté a Chary cómo salió de su gran dolor y volvió a reinventarse, me respondió dejando muy clara su fórmula:

Usé muchos medios para reinventarme y levantarme. Es un gran desamparo, muy grande. Toma como un año pasar el duelo. Cada ser humano tiene internamente una cajita de herramientas que yo tuve que sacar para salir a flote:

1. La esperanza. Nunca hay que perderla.
2. Hay que vivir el duelo. Lloré mucho.
3. Siempre me rodeé de personas que nos quisieron mucho a los dos.
4. Al cabo de un año, usando mis herramientas, pensé que podía. Usé mis frases favoritas: "Yo puedo. Mi padre y yo somos uno. No estoy sola". En esa cajita de herramientas tiene que haber siempre la fuerza de la voluntad y el poder del amor.
5. Ahora dependo de mí y de Dios. Pedí ayuda al universo. Ahora trabajo duro y he vuelto a ilusionarme por las cosas y a querer que me pasen cosas importantes como me pasaban cuando él estaba presente. Nunca estamos solos. Uno siempre puede volver a ser lo que uno quiere ser.

Meses después, Chary y yo nos encontramos en Santo Domingo. Y la felicité porque pasó de ser una mujer absolutamente dependiente a una mujer absolutamente valiente e independiente, que volvió a vivir momentos estelares como actriz llenando teatros con sus obras.

Los momentos estelares nos llegan a todos a través del esfuerzo y del sacrificio. Son regalos que el universo nos tiene a todos en nuestra existencia para alegrarnos. Hay que saborearlos, agradecerlos profundamente. Hay personas con tendencia a que les lleguen más que a otras. Ese momento estelar es la manera que tiene el universo de regalarnos una ilusión y siempre hay que agradecerlos. En mi vida personal, tener a mis hijos, encontrar el amor de mi vida, han sido mis momentos estelares. En mi vida profesional, tener mi propio *show* de TV, visitar tantos países donde me recibieron con tanto amor, grabar 20 discos... Cada uno de esos fue un momento estelar. Pero yo los trabajé, no fueron una lotería. La dedicación absoluta a lo que sueñas, los esfuerzos, los sacrificios, la entrega a horas extras, te tienen que llevar al éxito. Es muy difícil que alguien que entregue su alma y su corazón por lograr su meta, no logre el éxito. El universo te ayuda a conseguirlo. Así lo he conseguido yo. Y si algunas cosas no me salen bien, pues se hacen otras.

Chary cree mucho en la fe y en la visualización.

La fe es importantísima. La fe en ti y en un ser superior que nos dio el poder de soñar. El poder de visualizar las cosas es increíble. Los grandes maestros te enseñan siempre a visualizar. Yo a los 10 años me inventé *El show de Charytín*, con micrófonos que eran unos palos y unos trapos de mi mamá. Y años después, yo hacía eso mismo, pero de verdad. Imagínate que yo jugaba a hacer comerciales de pasta de dientes cuando era niña y he hecho cientos de comerciales en la vida real. Esto es como una réplica de lo que hacía de niña. Cuantas más cosas visualicemos, más rápido lo vamos a lograr. Estoy cien por ciento segura de que lo que vemos en nuestra mente lo podemos lograr.

**¿Qué diferencia hay entre esa rubia loca con la cabeza llena de pajaritos que vivió un gran momento estelar y la de ahora?**
Hay mucha diferencia. Se fueron muchos de esos pajaritos, quedaron pocos. Tal vez se cansaron de tanta locura, tal vez se cansaron de una persona que no era la mejor persona. A los que se quedaron se los agradecí mucho, porque tuvieron la fe de que yo podía hacer mis cambios. Confiaron en que yo, quizás no iba a perder mi locura del todo, pero sí podía ser una mejor persona. Nunca es tarde para ser mejor persona. Yo recibí hace pocos años, durante mis silencios, unas voces internas, unos mandatos, que se convirtieron en las leyes con las que vivo. Esas leyes son la humildad, el amor, la misericordia, la honestidad, la dulzura y la compresión. Esas voces me dijeron: "Si las cumples, tendrás éxito y éxito con la gente". Fíjate que yo no había pensando en eso…

Todas estas nuevas cosas que estoy aplicando en mi vida me dan felicidad, tranquilidad, y tengo la fe de que lo que me dijo mi voz interior es lo que construye mi propia felicidad. Mis pajaritos me ayudaron mucho, siendo lo que siempre quise ser y lo estoy logrando día a día. Me siento más feliz. Me han dado más tranquilidad en el alma. Todo lo que nos proponemos podemos lograrlo. Lo que nos mata es el miedo. Cuando uno pone una barrera, se paraliza. ¿Cómo hay personas que no tienen brazos y tocan guitarra con los pies? Siempre se puede, todo se puede. Arriésguese y entregue su alma y su corazón, que usted puede.

# Coméntalo en las redes

"Siempre, siempre, el destino, que (como te dije antes) es uno de los nombres de Dios, se encarga de mandarte la razón por la que permitió que algo no pasara en tu vida".

"Los dos grandes pilares de mi vida son la familia y la salud. Si eso está bien, esos dos pilares que están construidos sobre mi fe siempre me sostendrán con fuerza".

"No te desesperes. En un tiempo sabrás por qué te tocó vivir esto. Mirarás para atrás y quizás hasta te toque dar gracias".

"El éxito es eso: una decisión que cambiará tu vida".

**@luzmadoria**

# 9

# EL CAPÍTULO

## que tanto

# ESPERÉ

> "El destino es el que baraja las cartas, pero nosotros somos los que jugamos".
>
> WILLIAM SHAKESPEARE

Tengo algo que confesarte.

Y no puedo terminar este libro sin dejarlo aquí escrito.

Tenía algo pendiente en mi vida. Yo soñaba con que *Despierta América* se ganara un premio Emmy.

Llevaba 5 años esperándolo. Siendo nominada. Y 4 años sin ganármelo.

Al principio de este libro te comenté que yo no creo mucho en los premios. Y te lo expliqué con ejemplos.

El premio Emmy era la piedra en mi zapato.

La primera vez que nos nominaron fue gracias a que mi jefe en aquel momento, Alberto Ciurana, permitió que sometiéramos el programa a la Academia Nacional de Ciencias y Artes Televisivas de Estados Unidos, donde los miembros votan y deciden anualmente a quiénes premiar por su excelencia en la industria de la televisión. El proceso es fácil: uno elige el *show* que vea con más probabilidades (no se premian trayectorias ni *ratings*. Es solo el programa del día que uno elige enviar), paga un costo y espera las nominaciones.

Aquella primera vez, recibimos la noticia de que habíamos sido nominados y no cabíamos de la alegría. Nos parecía que, si éramos el *show* número uno de las mañanas en español, pues el premio debía ser nuestro.

Decidimos volar a Los Ángeles, ponernos de punta en blanco y asistir con la confianza y la fe de que seríamos los ganadores.

Recuerdo que en el avión me encontré con María López, quien en aquel momento era la vicepresidenta de Entretenimiento de Telemundo, nuestra competencia, y a quien admiro y respeto desde que trabajó conmigo en Univision. Alina Falcón, quien había sido mi jefa y, por cierto, es una de las mujeres que más quiero en esta industria, también iba en el grupo de Telemundo.

Llegamos a Los Ángeles el sábado y la premiación sería el domingo. El plan era transmitir el *show* el lunes en vivo desde Plaza México.

Ese domingo por la tarde nos fuimos felices a la ceremonia. Alan Tacher y Karla Martínez caminaron por la alfombra roja junto a las estrellas americanas nominadas. Cuando por fin llegó el momento de entrar a la ceremonia, en el mismo lugar donde se entregaban los Golden Globes, nos sentamos en una mesa con el equipo de producción de *The Chew* y, muy convencidos de que nos íbamos a llevar el premio, les pedimos que cuando fuéramos hasta el escenario a recoger la estatuilla, por favor nos grabaran.

Nosotros haríamos lo mismo con ellos.

Por nuestro lado pasaban todos los grandes de la televisión en inglés. Las estrellas de las telenovelas, de los *talk shows*. Nos sentíamos tan orgullosos de ser latinos y estar allí. De pronto, una cámara se ubicó al lado de Karla Martínez, conductora de *Despierta América*, para captar su reacción, mientras Karla emocionada me tomaba de la mano.

Había llegado nuestro momento estelar. Teníamos los mejores *ratings*. El *show* estaba en su mejor momento.

Cerré los ojos por un momento. Nuestro primer Emmy… y de pronto escuché al presentador decir…

"Y el Emmy es paraaa… ¡*UN NUEVO DÍA*, DE TELEMUNDO!".

Para explicarlo en un lenguaje televisivo: nos fuimos a negro. *We fade to black...*

Nos quedamos sin habla.

No dábamos crédito a que *Un nuevo día* nos hubiera ganado.

Nosotros teníamos los *ratings*, éramos los favoritos de la audiencia...

Pero ellos tenían el Emmy.

Y nos hirieron el ego.

Inmediatamente que vi a María López dando el discurso de agradecimiento, pensé en Alina Falcón y salí a buscarla para felicitarla.

Nunca la encontré.

A los 10 minutos estábamos todos montados en el carro sin creer aún que habíamos perdido. Decidimos ir a comer tacos y después irnos al hotel a dormir un poco. En solo 3 horas tendríamos que estar en vivo desde Plaza México.

Esa noche casi no pude dormir. Daba vueltas en la cama sin entender por qué habíamos perdido. Y lo que más me molestaba es que me ganara el ego. Que no entendiera que ellos se lo merecían seguramente más que nosotros y por eso habían ganado.

Pero el ego nunca te dice nada bueno.

Y me dormí con una tristecita en el alma porque me dolía *Despierta América*.

Me imaginaba la desilusión de todos en Miami...

A las 2 de la mañana nos encontramos de nuevo todos los que viajamos a Los Ángeles en el lobby del hotel y nos montamos al bus que nos llevaría a Plaza México. Casi ni hablamos.

Recuerdo que, en aquella soledad de la plaza, Víctor Santiago, el productor general de *Despierta América*, me dijo: "Luzma, seguramente ellos los ganaron porque lo necesitan más que nosotros". Y sus palabras me regalaron paz.

## "Luzma: este año te lo vas a ganar"

Así pasaron de largo 4 años y cuatro Emmys más, y cuando ya habíamos decidido no nominarnos más porque siempre perdíamos, un texto de Mariela Cardona, vicepresidenta y productora ejecutiva de *El Gordo y la Flaca*, y de quien les hablé en el capítulo anterior, me sacó de la tranquilidad de mis vacaciones de Navidad de 2017.

"Luzma, ¿tú mandaste *show* a los Emmys? Hoy es el último día", me preguntó Mariela y yo le respondí que no. Que ya no quería ser la eterna nominada al Emmy.

"Mándalo. Este año te lo vas a ganar", me contestó Mariela y me convenció fácilmente. Inmediatamente llamé a Gilcia Márquez, la productora que todos los años sometía los *shows* y le pedí que enviara el programa del 20 aniversario de *Despierta América*.

"Pero no le cuentes a nadie", le pedí. "No hagamos bulla".

Efectivamente, en 2017 fuimos nominados de nuevo, pero ni siquiera hicimos alboroto. Cuando anunciaron la fecha de la premiación, Gilcia entró a mi oficina y me pidió que la dejara ir a representar al grupo a la ceremonia de entrega de los Emmy en Los Ángeles. Alan Tacher entró a mi oficina mientras estaba Gilcia y me dijo:

"*Producer*, mándame a mí con ella".

En broma, les dije que se fueran a traernos el Emmy y, nuevamente, les pedí que no armáramos alboroto ni comentaran con nadie del grupo. Si crecían las expectativas, crecería nuevamente el desengaño. Y esto quizás contradiga lo que predico, pero me preocupaba el sentimiento del grupo, quienes, por más que yo les decía que nos enfocáramos en los *ratings* y no en los premios, no creo que entendieran mucho la razón por la que perdían. Pero si hubiera sido yo sola la perdedora, hubiera sabido cómo manejarlo.

El día antes de la premiación, Mariela me escribió aconsejándome que me subiera a un avión para que recogiera el premio.

"Se lo van a ganar, Luzma", me volvió a decir. "Agarra un avión y vente a Los Ángeles".

No le hice caso.

Dominique, mi única hija, se iba el viernes siguiente a estudiar a España durante un mes y yo prefería quedarme en casa.

Ese domingo, también tengo que confesarlo, me fui a misa y le pedí a Dios más por mi hija que por el Emmy. Y me pasó algo que hizo que estallara en llanto en la iglesia.

Cuando me puse a rezar a los pies de la Virgen, vi que el Niño Jesús de Praga estaba a su lado y decidí agarrar la novena para que Dominique la rezara en España. Al terminar la misa, agarré el boletín de la iglesia y ahí estaba una señal. El boletín decía: "Celebremos la fiesta del Niño Jesús de Praga este 18 de mayo".

Y el 18 de mayo es el día del cumpleaños de Dominique.

Rompí a llorar porque sentí que Dios me estaba hablando. Me estaba tranquilizando. Mi amiga Conchi siempre dice que no conoce a nadie a quien Dios le conteste más rápido que a mí. Y yo le digo, siempre bromeando, que yo se por qué: es tanta la intensidad con la que le pido y le doy las gracias, que tiene que actuar rápidamente para que lo deje trabajar tranquilo en el resto de los pedidos del mundo.

Ese domingo me emocioné tanto con esa casualidad celestial que dejé el Emmy a un lado.

Esa noche, un texto de Mariela Cardona me devolvió a la realidad.

"Te lo dije. Felicidades. *You won* (ganaste)".

Mi mamá estaba acostada al lado mío.

"Mami, ¡ganamos el Emmy!", le dije y enseguida se levantó como una loca a llamar a toda la familia.

Sí, nos habíamos ganado el Emmy.

El sueño estaba cumplido.

## *Nice to meet you, Mrs.* Emmy!

Esa noche los mensajes de texto no dejaban de entrar en mi teléfono. Recuerdo con especial cariño el de mi exjefe Alberto Ciurana, hoy presidente de TV Azteca, quien siempre soñó con el Emmy para *Despierta América*. Y el de Lili Estefan, quien ganó el Emmy a mejor conductora y me ganó a mí al escribirme felicitándome primero que yo a ella. El Emmy también le llegó a Lili en el momento en que más lo necesitaba.

El equipo de *Despierta América* no se lo podía creer. Nos escribíamos, hacíamos bromas… Por fin habíamos ganado.

Sí, era el sueño cumplido.

Nuestro sueño cumplido.

Alina Falcón, vicepresidenta senior de Telemundo, nos felicitó públicamente por Twitter. María López me escribió un *email* muy lindo.

Esa noche llamé a Adrián Santucho, que fue el jefe que me dio el sí cuando le pedí hacer el especial de aniversario en el que reuniéramos a todos los talentos que había tenido *Despierta América*. Se emocionó mucho cuando le dije que se acababa de ganar un Emmy. Y le volví a dar las gracias por aquel sí.

Ese domingo se premió el esfuerzo y el valor con el que celebramos los 20 años del *show*: reuniendo a todos los talentos que había tenido el programa, aunque en ese momento dos de ellos, Ana María Canseco y Raúl González, pertenecieran a Telemundo.

Cuando Adrián Santucho nos dio luz verde para organizar la reunión, entendimos que estábamos derribando muros.

Ese *show* hizo historia. Y gracias a él nos ganamos el Emmy.

Valió la pena la espera.

Así se disfrutan más los sueños cumplidos.

Siempre digo que el equipo ganador de *Despierta América* se parece mucho a nuestra audiencia. Es un grupo formado por soñadores, inmigrantes y luchadores que madrugan a empoderar, divertir e informar a nuestra audiencia. Gilcia lo expresó muy bien en su discurso de aceptación diciendo que, durante 21 años, este grupo había trabajado durante Días de Acción de Gracias, 4 de julio... y nunca habíamos dejado de cumplir nuestra misión.

El martes cuando el Emmy llegó a nuestra oficina lo cargamos, lo besamos, celebramos... Nos llegó, como me dijo Víctor cinco años antes, cuando más lo necesitábamos.

Que ¿qué se siente?

Un agradecimiento inmenso. Mucha felicidad. Y un vientecito fresco en el alma.

Yo sentí que había saldado una deuda con mi equipo de *Despierta América*. Mi gran sueño era poderles decir que se habían ganado un Emmy y lo logré. Cada uno de nosotros tiene, desde ese día, una historia de amor diferente con el Emmy. Los padres pueden contarles a sus hijos que se ganaron un Emmy. Los más jóvenes del equipo de producción ya nos llevan la delantera y adelantaron ese sueño para cuando sus hijos nazcan.

Repito. Aquí se trabaja en vivo en Navidad, Año Nuevo, Acción de Gracias, *Labor Day*. Si usted entra a la oficina a las 6 de la mañana, encontrará gente sonriendo como si fueran las 3 de la tarde.

Este es un equipo feliz y esa felicidad se sale de la pantalla las 20 horas semanales que producimos en vivo cada semana. Hay quienes, como Malli Valdés, Conchi Alfonso o Francy González, llevan haciéndolo 21 años. Desde el primer día.

Miles de horas en vivo y sin sueño.

Aquí se han reportado las noticias más importantes de las últimas dos décadas. Por aquí han pasado JLo, Jenni Rivera, Celia Cruz, Salma Hayek, Rita Moreno, Guillermo del Toro, Chayanne, Thalía, Julio Iglesias, Will Smith, Gloria Estefan, J Balvin... Todos los más grandes.

Aquí nació Daddy Yankee. Se estrenó Maluma. John Travolta bailó al ritmo de Pitbull. Shakira apareció un día dirigiendo el *show* desde el *control room* y Al Gore nos felicitó por la buena vibra.

Pero nos faltaba un Emmy.

En mi caso particular, la felicidad que el Emmy le ha dado a mi mamá no tengo como pagársela a la Academia. La anécdota divertida ocurrió cuando, después de llamar a toda la familia en Colombia a contarle, mi mamá me llamó a mí muy preocupada a decirme que ya no le quedaba nadie más a quién llamar para informarle la buena noticia.

Todo esto te lo cuento para que nunca, nunca pierdas las esperanzas. Si algo me enseñó Mariela Cardona cuando me empujó a esta nominación, es que nunca hay que perder la fe. Y eso a todos nos pasa de vez en cuando.

## "No voy sola, mami... Me voy con *La mujer de mis sueños*"

La misma semana que ganamos el premio Emmy, mi hija Dominique se fue a estudiar a España. Un par de meses antes me había sorprendido contándome que la habían aceptado en un programa de la universidad para estudiar en el exterior.

Cuando me lo contó, ya todo estaba listo y aprobado. No me dio tiempo ni de pensarlo. Inmediatamente la apoyé porque para ella, sin duda, esta es una experiencia muy enriquecedora.

Pero tengo que aclarar aquí que no es fácil separarnos de los hijos. Por más que sepamos que son prestados, que les debemos dar alas para que vuelen, cuánto nos cuesta verlos crecer y separarnos de ellos.

Lo que sí tengo muy claro es que los padres no podemos amarrar esas alas de los hijos por miedo, y mucho menos pensando que de esa manera estamos protegiéndolos.

En *La mujer de mis sueños* enfaticé que el primer aplauso que deben recibir los niños por sus sueños se lo deben dar sus padres. Cuando esos hijos crecen, hay que seguir apoyándolos. Aunque nos dé terror la separación. Y en mi caso, por tener una sola hija, aunque la tristeza nos arrugue el corazón.

Cuando Dominique se fue a la universidad, yo estaba escribiendo *La mujer de mis sueños*. Mis amigas se burlaban de mí porque yo les contaba lo triste que era la separación (se fue a vivir a una hora de mi casa) y me decían que el que me oyera pensaría que se había ido a vivir a Europa.

Curiosamente, mientras escribo este libro, sí se fue a estudiar un mes a España.

La noche que nos despedimos en el aeropuerto de Miami le dije que comprara algo para leer porque el vuelo era muy largo y se iba a aburrir sola.

"No voy sola, mami. Me voy con *La mujer de mis sueños*", me dijo antes de darme un abrazo. Cuando la vi caminando hacia la fila de seguridad, con el libro de su mamá en el morral, me despedí de la niña y bendije a la mujer…

…Y decidí escribirle esta carta:

*Mi pulga adorada:*

*Anoche, cuando te vi en el aeropuerto caminando por la fila de seguridad rumbo a tus sueños cumplidos, te vi convertida en mujer y, como si fueras mi niñita, volví a darte de lejos la bendición y te entregué a la Virgen para que te cuide y te proteja siempre.*

*Ya te estás convirtiendo en lo que sueñas.*

*Mi gran sueño hoy es que tú puedas cumplir todos los tuyos. Es lo que más le pedimos tu papá y yo con fuerza a la vida.*

*Sé que estás construyendo tu momento estelar. Lo veo cada día en tu enfoque. Lo siento en la pasión con que manejas cada proyecto de tu carrera. En tu disciplina y en tu enorme fuerza de voluntad. En la ilusión con que has preparado este viaje en el que estoy segura aprenderás mucho como profesional y crecerás como ser humano.*

*Tú viniste a este mundo a enseñarme qué es ser valiente. Lo veo en tus ojos cada vez que te atreves a saltar al vacío. (No te olvides nunca de tener un plan B por si el paracaídas no abre).*

*Recuerda que el valor debe ser parte siempre de una cajita de herramientas en la que también deben estar presentes la preparación, la generosidad, el agradecimiento, la compasión, la disciplina y la fuerza.*

*Disfruta cada segundo del proceso. Camina la milla extra. Nunca te dé vergüenza pedir ayuda. Volver a preguntar. Elogiar. Agradecer. Dar tu opinión. Decir que no.*

*Lee mucho y prepárate. La ansiedad, la mayoría de las veces, no es más que la falta de preparación.*

*Rodéate siempre de personas que te hagan sentir feliz, que te enseñen. Y tú también ayuda, sirve y enseña. Y no permitas* nunca que nadie sabotee ni tu vida ni tus sueños. Empieza de nuevo cada día, con las mismas ganas, con la misma fuerza, convencida de que el universo tiene millones de regalos para darte y te los mereces todos. Aunque ayer el día no haya sido como lo soñaste. Empieza de nuevo hoy y siempre sin culpas. Sin arrepentimientos. El hoy siempre viene cargado de oportunidades.

Disfruta todas las experiencias que te regala la vida. Las buenas y las no tan buenas. Esas son precisamente las que enseñan. Las que te recuerdan que la perfección no existe, que solo existe la excelencia.

Recuerda siempre que vinimos a este mundo a ser felices. Convierte a tu mente en tu mejor aliada. No vivas esperando aprobación del mundo ni quieras vivir impresionando a nadie. La felicidad más grande la vives cuando sientes que eres tú, sin máscaras, sin quejas, sin echar culpas. Haciendo lo que te dicta tu corazón.

Esa es la verdadera libertad.

Hay una frase de Robin Sharma que me encanta, y quiero dejártela aquí escrita para que la guardes en tu corazón y la recuerdes cada vez que te haga falta:

"Podemos maldecir la oscuridad o prender una vela".

Tú decides.

Brilla siempre sin miedo, mi muñeca. Y nunca dejes de perseguir tu momento estelar. Ese que siempre te hará sentir que todo ha valido la pena.

Te amo con todo mi corazón,

Mami.

Mayo, 2018.

## Sí, a mí me sacaron de *Despierta América* y de Books and Books

Cuando supe que la entrega de los premios Emmys coincidía con la fecha en que tenía que entregar este libro, le pedí a mi editora, Rita Jaramillo, que me extendiera una semana más la fecha de entrega. Yo quería terminar *Tu momento estelar* escribiendo como empecé: a corazón abierto.

Así perdiera o ganara.

Tengo muy claro que a veces se gana... y a veces se aprende.

Yo quería contarte en este capítulo lo que se siente cuando uno cumple un nuevo sueño... o cuando intenta e intenta y no lo puede cumplir.

Este libro lo escribí para que siempre estés preparado para celebrar... o seguir intentándolo. Aunque a veces tengas ganas de tirar la toalla.

La vida manda lecciones para que las apliques en tu futuro, no para que te lamentes de no haberlas sabido en el pasado. Lo que más te aleja de vivir tu momento estelar son los "Si yo hubiera sabido".

*Reality check*: ya lo sabes.

No más *hubieras*.

No dejes que nada te detenga.

El universo no manda lecciones para que pienses en lo que hubiera podido pasar, sino para que las apliques en lo que te va a pasar.

Mientras rebusco en mi memoria datos de mi vida que pueda compartir contigo para inspirarte a vivir tu gran momento estelar, me encuentro dos incidentes que me parecen hoy divertidos y maravillosos.

A mí me botaron un día del set de *Despierta América,* programa del que hoy, mientras escribo este libro, soy productora ejecutiva.

Y otro día, me botaron de la librería Books and Books, la misma que hoy vende mis libros.

Sí, a mí me sacaron hace un tiempo de los dos lugares donde, tiempo después, he sido más feliz y he cumplido más sueños.

Y las dos veces me botaron por querer cumplirle un sueño a mi hija Dominique.

Cuando yo trabajaba en TeleFutura, produciendo *Escandalo TV*, me enteré de que Selena Gomez iba a estar en vivo en *Despierta América*. Por supuesto, cuando se lo conté a mi hija, me rogó que la llevara. Aunque pertenecíamos a la misma empresa, yo no conocía a muchas personas de *Despierta América,* y recuerdo que Dominique y yo nos pusimos entre el público que había en el estudio. De pronto, una de las productoras, muy enérgica, pero amable, me pidió que abandonáramos el estudio. Por mi profesión, entendí su reacción y hasta la admiré. Recuerdo que cuando llegué a *Escandalo TV* conté que me habían botado del set de *Despierta América* y aplaudí la responsabilidad de la productora.

"Eso mismo hay que hacer cuando el estudio aquí se llene de gente", les dije a todos mis productores.

Años después, ya cuando mi hija estaba en la universidad, me llamó un viernes a pedirme que fuera a Books and Books a comprarle un libro de Chrissy Teigen, quien estaba firmándolos allí. Dominique estaba estudiando para un examen y no podía llegar hasta la librería.

Recuerdo que agarré el carro y manejé contra reloj para llegar a la firma de autógrafos. Justo cuando iba a salir del *expressway* choqué con el carro de adelante, tuve que esperar que llegara la policía, me pusiera el *ticket* y, cuando por fin pasé por la entrada de Books and Books para parquear mi carro, la fila le daba la vuelta a la manzana. Corrí como una loca, me puse en fila y, justo una hora después, cuando llegué a la puerta, una empleada muy grosera me dijo:

"Ya no vamos a aceptar más personas adentro. La señora Teigen está embarazada y está cansada".

Alcancé a entrar y mirar para adentro y faltaban 4 personas para firmar el libro. Yo sería la quinta. Abrí mi cartera, le saqué el *ticket*, le expliqué que me habían chocado, que mi hija estaba estudiando, que soñaba con la firma de Chrissy...

"¡Necesito que salga inmediatamente de aquí!", me interrumpió muy enojada.

Y me fui sin libro y sin autógrafo.

Hoy mis libros se venden en esa misma librería.

Espero que nunca más me vuelvan a botar de allí.

Cuando pienso en estas dos anécdotas que viví, tengo inevitablemente que sonreír. Déjense sorprender siempre por la vida. No vean nada como algo definitivo. Aquel dicho de nuestras abuelas (o por lo menos de Mamá Tina, la mía) de que "el mundo da muchas vueltas", es absolutamente cierto. Y eso es lo que hace que esta vida sea más divertida.

Y mucho más emocionante.

## Ese consejo que nunca olvidaré

En la vida siempre hay ese alguien que el universo te pone cerquita para que te diga esa frase que puede hacerte desviar y mejorar el camino hacia tu éxito.

La actriz Tina Fey cuenta que una vez vio a Oprah Winfrey diciendo que uno siempre debe ser el que firma los cheques. Tina cuenta que en ese momento no tenía dinero, pero esa frase de Oprah se le quedó marcada en el corazón y hoy en día, aunque le aburre el tema, es quien controla todo su dinero. Después de oír a Oprah, se prometió a sí misma que no dependería de nadie.

Indra Nooyi, quien ha sido presidenta y directora ejecutiva de Pepsi, cuenta que el mejor consejo se lo dio su papá cuando le dijo que siempre asumiera una intención positiva cuando la gente le hablara. De esa manera, entendería mejor las cosas. Indra está convencida de que cuando dos personas se alteran, nada positivo sale de ahí.

El consejo que más le ha servido a Elon Musk —fundador, diseñador principal y CEO de SpaceX, y cofundador, arquitecto de producto y CEO de Tesla— es: "No entres en pánico e ignora a los *bullies*". Y el motivador Tony Robbins recuerda que a él le aconsejaron elegir muy bien a las personas que tiene siempre a su alrededor.

En este libro quise dejarte muchas historias de personas reconocidas y anónimas que han vivido sus momentos estelares gracias a que nunca desistieron. Y eso es exactamente lo que quiero que te lleves grabado en tu corazón cuando cierres la última página. Cuando pensamos que Disney, Apple, Google y Amazon nacieron de un sueño y empezaron de cero nos debemos contagiar del optimismo necesario para atrevernos también a soñar en grande.

A vivir nuestro momento estelar.

Larry Page, el creador de Google, aconseja que siempre sepamos a dónde queremos ir. Que tengamos muy clara cuál es la meta y qué es exactamente lo que queremos conseguir en la vida. Y, sobre todo, que nos movamos siempre más rápido que la competencia con lo que nos hace únicos. Esa es la manera en que vamos a sobresalir.

## El final solo lo decides tú

La vida no es tan fácil como la pintamos los optimistas. Eso lo sabemos. Lo que pasa es que la actitud con que la vivamos es lo que va a hacer esa diferencia.

El optimismo siempre multiplicará tu fuerza.

Tu vida es lo que creas con tus sueños y solo tú puedes decidir el final. Nadie más. Si hay alguien más decidiendo en tu historia es porque tú lo has permitido. Y si le permites a alguien que escriba el guion de tu vida, lo más seguro es que no tenga el final con el que siempre has soñado.

Al principio de este libro te decía que quería analizar varias cosas en él:

**¿Es el éxito la consecuencia de la estrategia o del esfuerzo?**
Estoy convencida de que es la consecuencia de ambos. No hay estrategia que dé buenos resultados si no hay esfuerzo. Si tienes el plan y no haces nada para realizarlo, es como si no lo tuvieras. Es tener un plan de vuelo dentro de un avión con los motores apagados.

**¿Se puede manipular al destino para hacer que surja ese momento en el que pasas de pobre a rico, de anónimo a reconocido?**
Estoy convencida de que los hilos del destino los maneja Dios, el universo, un ser supremo o como quieras llamarlo. Y si tenemos fe en nosotros mismos y en su poder, podemos lograr lo que nos propongamos. Dios no nos pone un solo deseo en el corazón que no podamos cumplir. Y es válido que tú hagas mover esos hilos con oraciones, promesas o con lo que tu quieras.

**¿Cómo se desarrolla el arte de hacer de tripas corazón, de no darte por vencido y de triunfar en la vida el día menos pensado, pero después de pensarlo mucho?**

Se desarrolla día a día, con la capacidad de luchar contra la adversidad. Con resiliencia. Levantándonos las veces que haga falta y sin hacernos las víctimas.

**¿Cómo sabemos si vamos llegando a ese momento donde brillaremos más que nunca? O, al menos, ¿cómo reconocemos que vamos por el camino correcto hacia la meta?**

El camino se reconoce por los resultados. Si pasa el tiempo y no hay resultados hay que cambiar de camino, pero nunca de meta. Y tú eres el único que lo debe reconocer. Porque tú eres el único que sabe si lo que estás viviendo se parece a lo que sueñas

**¿Existe un plazo para vivir un momento estelar? ¿Una edad perfecta?**

Ninguno, ni plazo ni edad perfecta. La vida te sorprende con eso que deseabas en el momento en el que menos te lo esperas. Siempre le digo a mis productores que nunca digan que no a ninguna asignación, porque es quizás en esa que uno no quiere estar donde nos va a descubrir quien nos triplicará el salario.

**¿Los "golpes de suerte" vienen escrito en tu destino o se trabaja para crearlos?**

Prefiero pensar siempre que hay que trabajar para crearlos. Que la suerte solo le llega a los que están preparados.

Yo nunca quitaré el dedo del renglón. Y siempre estaré convencida de que solo los que se atreven, se preparan, se enfrentan al miedo, trabajan de sol a sol, disfrutan lo que hacen, no se quejan y son generosos, podrán vivir muchos momentos estelares.

Y esos momentos estelares hay que disfrutarlos en presente y mucho. Muchísimo. Porque de nada vale despertar un día dándonos cuenta de que ya pasaron. De que vivimos un momento estelar y no nos dimos cuenta.

Sí, tristemente hay quien vive momentos estelares y no se da cuenta. Y puede haber muchos culpables. La ambición desmedida (todo nos parece poco) o los cientos de "ahora no tengo tiempo…"

Lo que quiero dejar grabado en tu mente con este libro es que no te quedes trabado en el sueño cumplido y sigas luchando para que se te cumplan aún más. Y si te agarro en un momento en que ya no crees en sueños cumplidos ni en momentos estelares, considera que esto que leerás a continuación es solo para ti.

Hoy te escribo a ti que ya no crees que podrás. Que piensas que todas tus puertas se cerraron. Que crees que los sueños cumplidos son privilegio de otros y no tuyos. Que sientes que caminas y no avanzas. A ti que crees que se te acabó la vida...

1. El universo te puede sorprender cuando le dé la gana. Despierta convencido de que a ti también te va a tocar ganar. Porque el éxito es de todo aquel que sale a buscarlo.

2. Ten FE. Así con mayúscula. Saca de tu cerebro a ese enemigo que te tiene tan tristemente seguro de que ya no sirves para nada. Que tu tiempo ya pasó. Reemplázalo por una

voz amiga que te dirá que tú sí vas a poder. Que te lo mereces. Que vales mucho.

3. ¿Qué es eso que aún no has hecho por tu sueño? ¿Cuál es ese plan que aún no pones a andar? Hay una puerta que seguramente aún no tocas. O quizás ahora ya exista quien abra esa puerta. Insiste otra vez. Si no haces nada, no va a pasar nada. Si te das por vencido, tú mismo te estás encargando de ponerle el candado a tu felicidad.

4. Si estás vivo, siempre hay esperanza. Dios nos pone a prueba antes de mandarnos bendiciones explosivas. Piensa que ese tiempo de espera terminó. Escríbele una carta a Dios bien específica. Pide. Pide. Pide. Y agradece tus bendiciones. El universo lo tiene todo listo ya. A ti te toca salir a buscarlo.

5. Elimina los comentarios negativos. No te vuelvas a quejar. Da por hecho que ese sueño ya se realizó.

Y recuerda, los sueños no conocen fechas, ni género, ni dirección. Un día, por tu esfuerzo y la gracia divina, se cumplirán y punto.

Ese día tendrás el compromiso de seguir luchando, ya no solo por los tuyos, sino por los sueños de los demás.

Y antes de terminar de leer este libro, cierra los ojos y agradece con todas tus fuerzas ese sueño realizado.

Con esa misma fuerza el universo te lo enviará de regreso.

Y antes de despedirme, dales a tus miedos un mensaje de mi parte. Diles que no los aceptarás más en tu vida, que vas a atreverte a todo y que ahora quien manda eres tú. Porque de hoy en adelante, cuando sientas que llegan, tú vas a tener el arma más poderosa para destruirlos.

Lo lograrás con la seguridad de que tú tienes más poder que tus miedos.

Lo lograrás con tu FE.

Y por favor deja de mirar a tu alrededor sintiéndote que nunca te va a llegar tu hora.

Estoy segura de que, si tú te ayudas, te va a llegar. Siempre será más peligroso no hacer nada que atreverte. Y tal vez eso que no quieres hacer es lo que te llevará a lograr aquello que estás esperando.

Ya Dios creó tu momento estelar, ahora te toca a ti salir a buscarlo. Ese momento estelar es el premio a todos tus esfuerzos. A todos esos sacrificios que quizás nadie ha visto. A todas esas veces que pensaste que habías fracasado.

Así que haz un pacto contigo para que hoy mismo todos tus "Voy a ser" destruyan los "Si yo fuera". Para que entiendas que tu misión y tu propósito se unirán ese día en el que vas a brillar sin miedo y vivirás por fin tu gran momento estelar.

# 10

# 53 COSAS DE LAS QUE ESTOY

## segura a

# MIS 53

1. Que lo que no hagas hoy mismo, tal vez no lo puedas hacer después.

2. Que la celulitis vuelve y sale.

3. Que la gente generosa es la gente más feliz.

4. Que cuando uno no entiende, tiene que ir y preguntar.

5. Que los "SÍ" abren muchas puertas y los "NO" abren las puertas que uno cree que nunca iba a tocar.

6. Que no puedes decir que algo no te gusta hasta que lo hayas probado.

7. Que el sol y la Nutella, con mesura, no matan a nadie.

8. Que la burla es la prima bruta de la envidia.

9. Que a la gente arrogante nadie la quiere.

10. Que a los hijos hay que decirles que no con la misma frecuencia con que debemos abrazarlos.

11. Que los viejos amores sí se olvidan.

12. Que si no pides, tal vez no te den.

13. Que hay que leer un libro al mes.

14. Que las ofertas que no aproveches nunca regresan.

15. Que en la vida hay que construir recuerdos.

**16.** Que viajar es la mejor manera de construir recuerdos.

**17.** Que las mentiras siempre se descubren.

**18.** Que la fe te regala el valor que se necesita para atreverse.

**19.** Que el universo no pone un sueño en tu corazón que tú no puedas cumplir.

**20.** Que si te demoras en tomar una decisión, siempre habrá otro que la tome por ti... y te gane.

**21.** Que la felicidad hay que producirla.

**22.** Que las personas que te hacen daño siempre terminan mal.

**23.** Que los "te quieros" y las "gracias" no hay que pensarlos mucho.

**24.** Que la vida te cambia en un segundo.

**25.** Que si piensas que algo será posible..., será posible.

**26.** Que no había que comerse todo lo que había en el plato como decían las abuelas...

**27.** Que sí hay que ahorrar la mitad de lo que se gana.

**28.** Que hay que hacer hoy esa llamada. Mañana, tal vez no haya quien conteste.

**29.** Que hay que contar siempre las bendiciones.

**30.** Que cuando uno perdona, deja espacio en el alma para que entren bendiciones.

**31.** Que las decisiones justas no merecen arrepentimientos.

**32.** Que cuando no aprovechas las oportunidades, el universo pasa la factura... y fractura.

**33.** Que tu éxito es lo que a ti te haga más feliz.

**34.** Que no te puedes dejar maltratar por nadie.

**35.** Que "no tengo tiempo" es mentira.

**36.** Que sí hay que ver para creer.

**37.** Que cuando uno es positivo, las cosas siempre salen mejor.

**38.** Que sí se puede ser rico, flaco, buena persona, bonito e inteligente.

**39.** Que el amor de nuestros muertos siempre los mantendrá vivos, porque el amor es lo único que queda.

**40.** Que cuando crees que no vas a poder, sí puedes.

**41.** Que Dios nunca te abandona.

**42.** Que la memoria del corazón es a veces más importante que la de la cabeza.

**43.** Que el día menos pensado descubres tu propósito y todo lo que hagas por lograrlo te va a dar felicidad.

**44.** Que a la tercera no siempre va la vencida. Puede ser a la quinta. O a la sexta.

**45.** Que cuando tenemos paz, tenemos todo.

**46.** Que cuando enseñamos, es porque queremos seguir aprendiendo.

**47.** Que una decepción no es más que un desvío que acorta el camino hacia los sueños.

**48.** Que los *vision boards* y los diarios de gratitud despejan el camino y mandan la gran señal al universo convirtiéndose en el imán de tus deseos.

**49.** Que las preocupaciones casi nunca se hacen realidad.

**50.** Que es mejor pensar en abundancia y prosperidad que en fracaso y tristeza. Tú decides en cuál te sintonizas.

**51.** Que si te pasan puras cosas buenas es porque te las mereces y nadie te va a pasar la cuenta.

**52.** Que hay que mermar los "después" y multiplicar los "ya mismo".

**53.** Que todo pasa.

uz María Doria, conferencista y autora de *La mujer de mis sueños* (Aguilar, 2016) es una de las más influyentes ejecutivas de la televisión hispana en Estados Unidos. Periodista y productora con 30 años de experiencia, actualmente se desempeña como vicepresidenta y productora ejecutiva del programa diario matutino *Despierta América* de la cadena Univision.

Nacida en Cartagena, Colombia, Luz María inició su carrera como reportera en Editorial Televisa, en las revistas *Cosmopolitan* y *TVyNovelas USA*, llegando a ser directora de *Cristina, la revista*, de Cristina Saralegui con quien además colaboró en su programa televisivo y radial. Fue directora de Entretenimiento de la cadena TeleFutura (de Univision), donde supervisaba dos programas diarios: *Escándalo TV* y *La tijera*. Además de sus obligaciones con *Despierta América*, Luz María publica una columna en los periódicos *La Opinión* de Los Ángeles y *Diario la Prensa* de Nueva York. En 2009 fue nombrada una de las 25 mujeres más poderosas por la revista People en español y en 2018 obtuvo un premio Emmy.

# GRACIAS.
# GRACIAS.
# GRACIAS.

Un millón y más de veces gracias a todos los que han permitido que este libro esté en tus manos.

Y a ti por elegirlo.

A todos los que generosamente compartieron su historia y nos inspiraron con ella.

Gracias a mi familia, a mis amigos, y a mis compañeros de trabajo en *Despierta América* y Penguin Random House Grupo Editorial por disfrutar conmigo este proceso de cumplir sueños y ayudar a otros a cumplirlos.

Gracias a ti, Dios, por ponerme siempre donde puedo servir. Gracias, sobre todo, por permitir que todos los que lean este libro puedan cumplir sus sueños y que, con la fuerza del Universo, logren vivir y reconocer su gran momento estelar.

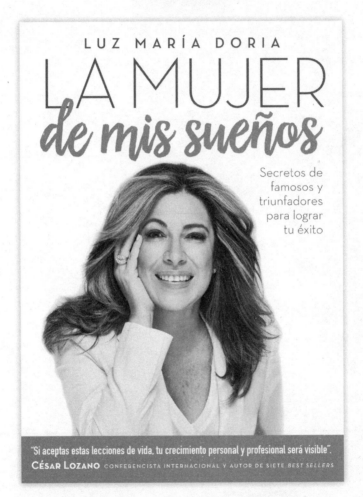